梦山

梦 山 书 系

　　"梦山"位于福州城西,与西湖书院、林则徐读书处"桂斋"连襟相依,梦山沉稳、西湖灵动、桂斋儒雅。梦山集山水之气韵,得人文之雅操。福建教育出版社正坐落于西湖之畔、梦山之下,集五十余年梓行之内蕴,以"立足教育、服务社会、开智启蒙、惠泽生命"为宗旨,将教育类读物出版作为肩上重任之一,教育类读物自具一格,理论读物品韵秀出,教师专业成长读物春风化雨。

　　"梦"是理想、是希望,所谓"梦想成真";"山"是丰碑,是名山事业。"积土成山,风雨兴焉",我们希望通过点点滴滴的辛勤积累,能矗起教育的高山;希望有志于教育的专家、学者能鼓荡起教育改革的风雨。

　　"梦山书系"力图集教育研究之菁华,成就教育的名山事业之梦。

梦山书系

新理念教学丛书

项目教学的方案与实施

刘海涛　王林发/主编　　王林发　郭雪莹　符蕉枫/编著

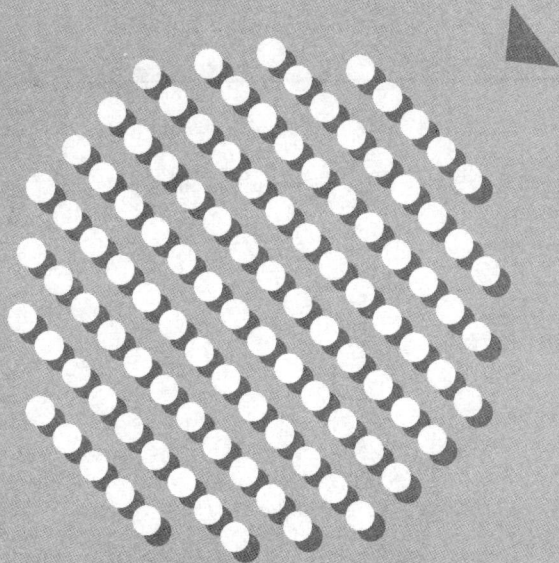

海峡出版发行集团
THE STRAITS PUBLISHING & DISTRIBUTING GROUP | 福建教育出版社

图书在版编目（CIP）数据

项目教学的方案与实施/王林发，郭雪莹，符蕉枫编著.
—福州：福建教育出版社，2016.9
（新理念教学丛书/刘海涛，王林发主编）
ISBN 978-7-5334-7288-7

Ⅰ.①项⋯　Ⅱ.①王⋯　②郭⋯　③符⋯　Ⅲ.①中小学
—教学研究　Ⅳ.①G632.0

中国版本图书馆 CIP 数据核字（2016）第 149195 号

新理念教学丛书

刘海涛　王林发　主编

Xiangmu Jiaoxue De Fangan Yu Shishi
项目教学的方案与实施

王林发　郭雪莹　符蕉枫　编著

出版发行	海峡出版发行集团
	福建教育出版社
	（福州市梦山路 27 号　邮编：350001　网址：www.fep.com.cn
	编辑部电话：0591—83727542
	发行部电话：0591—83721876　87115073　010—62027445）
出版人	黄　旭
印　刷	福州泰岳印刷广告有限公司
	（福州市鼓楼区白龙路 5 号　邮编：350003）
开　本	720 毫米×1000 毫米　1/16
印　张	13.75
字　数	189 千字
插　页	1
版　次	2016 年 9 月第 1 版　2016 年 9 月第 1 次印刷
书　号	ISBN 978-7-5334-7288-7
定　价	32.00 元

如发现本书印装质量问题，请向本社出版科（电话：0591—83726019）调换。

●广东省普通高校人文社科重点研究基地"粤西教师教育研究中心"资助项目

●广东省协同创新平台"粤台教师教育协同创新发展中心"资助项目

●教育部地方高校第一批本科专业综合改革试点"小学教育"资助项目

●广东省创新强校工程"地方高师院校教、研、创'三力型'小学卓越教师培养模式的探索与实践"资助项目

目　录

导论

项目教学的来龙去脉

第一节 创新教学的新武器

一、 基本内涵

20 世纪初，杜威（John Dewey）提出实用主义教育思想。他在《经验与教育》一书指出："教育即生活，教育是传递经验的方式"，倡导"做中学"（Learn by doing）的学习模式。

库伯（Kolb）进一步将其阐释为体验式学习（Experiential Learning）。他认为，学习是结合了体验（experience）、感知（perception）、认知（cognition）与行为（behavior）四个方面整合统一的过程，"学习是通过体验的转换而创造知识的过程"。

巴克教育研究所在《项目教学教师指南》中指出，项目教学（Project Based Learning）是指学生通过完成与真实生活密切相关的项目进行学习，是一种充分选择和利用最优化的学习资源，在实践体验、内化吸收、探索创新中获得较为完整而具体的知识，形成专门的技能并获得发展的实践活动。①

我们认为，项目教学是教师利用"项目"作为教学载体进行的活动，为学生构建一个新型的、动态开放的、交互性的探究平台，依据教学目标与教学进程，指导学生通过项目进行探究性学习；学生利用"项目"作为学习载体进行"仿科研"活动，利用教师搭建的实践平台对自身已有的学习活动，以及活动中所涉及的学习环境、学习情感、学习信念等相关因素进行持续不断的、批判的审视、探究和改进，力求调节并完善自身的学习，主动地获取知识、应用知识、实现知识意义建构的学习活动。

"实践是产生认识和创造价值的基础，也是连接认识和价值的中介。"项目教学是一种以学生为中心，以项目为形式，以成果为目标，将学习置于具体问题之中的教学模式。学生在完成一个真实项目的活动中，历经调研观察、查阅文献、收集资料、分析研究一系列过程，内化知识，最终目的是，在掌握基本知识和基本技能的同时，解决问题的能力、批判性思维的能力、合作学习的能力和终身学习的能力等方面得到全面发展。

二、 主要特征

（一）选题方向上强调探究的实用

明确要求与实践结合，强调把关键性问题作为主体，把解决实际问题作为方向。举例而言，语文方面的选题就应侧重于生活和学生发展等联系，强调选题对社会实践的意义，例如"语文中的生命教育""口语交际学习"等。

（二）研究方法上体现实证的运用

摒弃纯粹分析的理论性知识的探究，更多的是将知识置于真实、生动、

---

① 巴克教育研究所著，任伟译. 项目教学教师指南［M］. 北京：教育科学出版社，2008：4—6.

具体的情景下进行教学，注重联系实际，在材料处理、数据统计、理论分析上要求学生做到观点有支撑，推论有印证。

（三）实施过程上强调能力的生成

强调通过参与项目这一过程来培养学生的创新能力。在项目教学过程中关注学生思考的品质、反思的力度、自主的程度等创新素养，注重培养和发展学生获得创新能力的方法，促进学生积极主动地构建知识意义，并具有创新意识和研究能力。

三、 实施流程

项目教学实质是一种以"项目"为载体进行主题教学的实践性活动，即以项目作为构成探究学习内容的有机因素，学生在教师指导下，以类似或模拟科学研究的方式进行的学习过程；学生从生活或学习中选择、确定探究主题，用科学探究的方法探索问题、解决问题的实践过程。对这一内涵，需要明确其作为一种探究活动的流程，与一般教学模式的流程有所区别。如图0-1。

（一）操作步骤

1. 项目背景

主要提供背景信息和动机因素，目的是要让学生了解学习目标，提高学生的学习兴趣。

2. 项目任务

根据教学任务，对教材中的某一知识进行补充、扩展和升华，从而形成有价值的专题作业；或者从书籍中摄取丰富的信息，从中提炼出有意义的问题供研究。

基于问题设计任务是整个项目教学很重要的一环，项目任务的确定要根据学习目标。"思维的创新在于砥砺"。如果设计的任务没有挑战性，就无助于学生创新思维的培养。

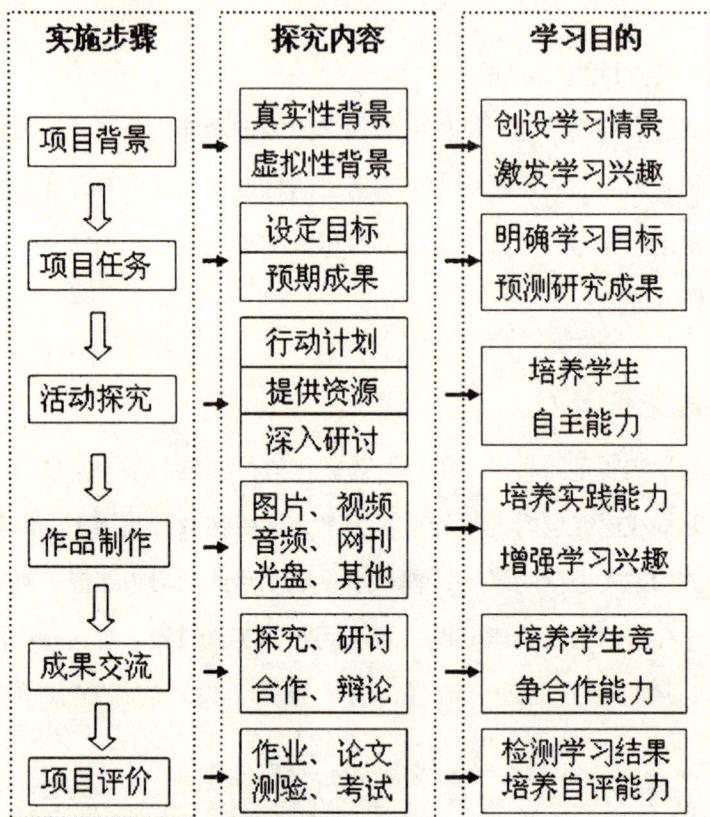

实施步骤	探究内容	学习目的
项目背景	真实性背景 虚拟性背景	创设学习情景 激发学习兴趣
项目任务	设定目标 预期成果	明确学习目标 预测研究成果
活动探究	行动计划 提供资源 深入研讨	培养学生 自主能力
作品制作	图片、视频 音频、网刊 光盘、其他	培养实践能力 增强学习兴趣
成果交流	探究、研讨 合作、辩论	培养学生竞 争合作能力
项目评价	作业、论文 测验、考试	检测学习结果 培养自评能力

图 0—1 项目教学操作流程图

3. 活动探究

交代探究的问题，问题如何产生及其原因。解读和分析问题，包括剖析问题、总结经验教训、提出应对策略和需要进一步探究的问题等。

根据项目教学计划，小组成员采用自主学习、合作学习、文献检索等方式，分析研究项目内容，并通过提出假设、验证假设等策略获得初步的活动成果。

（1）基于问题

教师要求每一个学生就学习遇到的问题提出一些具有一定探究意义的课

题，然后在教师的指导下，去探究教师布置的课题或自选的课题，进而形成一些有一定水平的学习成果。师生的共同参与、教学的多向互动，形成了具有创新色彩的"教学共同体"。项目教学注意到学生选择课题的现实性。首先由教师将自己的课题公布，提出探究任务，并进行针对性的讲解；其次让学生结合自己在学习过程中需要解决的问题，根据教师的导引，自己确定探究课题。

（2）交流研讨

学生通过"学习论坛"等充分表明自己的创见性。由于研讨的开放性和多元性，这就使得问题讨论更具挑战性。学生在"问题—研讨—反思"中学习，既融会了基本知识，又获得了探究能力。学生进行交流研讨需要一个内化过程，即将教师的指导和自己的学习转化成心智操作和心智能力。学生的内化可以用多种形式表现，如形成一个快速查找有效信息的策略，整合信息和解决方案用于解决问题等。教师引导学生进行研讨，目的是让学生深化学习，内化知识，形成创新能力。学生将要形成的创新能力不是一次性完成的，而是通过多次进行项目探究，不断强化完成的。经过系统训练，整体反馈，学生可以确定其中一些有研究价值的问题，把它们归纳出来，发表到"学习论坛"上，让大家一起来探讨，相互补充，相互提高。在这个过程中，学生的思维始终是处于主动和积极的状态。

（3）成果呈现

教师要求每一个学生创建自己的"学习成果库"，把学习成果展示其中；当数量较多的学习成果产生后，即由学生自己组成编辑小组，将学习成果择优荟萃到以班级为单位的"专刊"上。这既锻炼了学生的探究能力，也训练了他们的策划能力、选题能力和编辑能力。

4. 作品制作

作品可以是评论，也可以是报告；可以是图片、音像，还可以是网页、光盘等。制作可以用课件演示文稿，并进行汇报，回答大家的提问；也可以撰写一份报告，答辩时递交给"评委会"。

5. 成果交流

学生制作作品后，不要急于展示，而应对别人提出的问题进行"头脑风暴"，分析研究，然后梳理、归纳，以促进思维能力提高。项目教学注重交流，在此，学生的作品可以通过演示、答辩等方式，进行研讨、质疑，以进一步促进知识内化。

6. 项目评价

每一项项目教学都需要有一套评价标准对学习活动进行评价。项目评价主要考察学生的探究素养，倾向鼓励性，比如思考、感悟、体会解决问题的得失，下一步的打算或整个问题解决后有什么新的问题出现，计划如何解决等。可以制订评价量规或等级，据此对学生的作品评分。教师应该根据教学需要提供多种评价方式，如诊断性评价、过程性评价、总结性评价，或同伴互评、教师评价等。

（二）基本要求

1. 探究目标必须明确

课题选择首先考虑满足学习任务的需要。对于那些已经符合本学习任务要求的课题，可以酌情予以直接采用；对于那些尚不能适应本学习任务要求的课题原则上加以改造；对于那些基本处于空白状态的课题，可以根据本学习任务需要着手开发。

2. 探究指导必须到位

课题的创新性向项目教学提出了挑战，对具体教学而言，开展项目教学之前，教师应考虑课题探究的可操作性，并进行比较、选择，看哪一种探究方法最适合，并能使学生认同。在开展项目教学过程中，往往会从创新价值、应用价值来进行选择，将最有效的指导方法构建成层次分明的探究指南，学生将通过这个指南进行分析、学习及掌握问题规律。按指导方式划分，指导方法依次是个别指导、群体咨询、统一回复。

3. 探究模式必须恰当

项目教学一般采用合作学习方式。一个团队的作用，关键在于长短互补，形成合力效应；如果"各自为政"，结果并不能真正达到项目教学的目标。项目教学应该服务于教与学的便捷需要，即教师从各个层面进行有效指导，学生从不同的角度选择学习内容，以培养学生的实践能力与创新精神。

(三) 深入认识

下面我们以《〈水浒传〉的"侠义"》为例深入认识项目教学。

《水浒传》的"侠义"①

步骤一：项目背景

"中国小说欣赏"（人教版）共有九个项目教学主题，分别是"历史与英雄""谈神说鬼寄幽怀""人情与世态""从士林到官场""家族的记忆""女性的声音""情系乡土""人在都市"和"烽火岁月"。教师运用 Moodle 的异质分组功能，按学生选择项目的教学主题以及学生的个性特征，以每组 6～10人为宜，将学生分组，一个项目教学主题建立一组。小组成员的探究、教师对各组的促进过程需要发挥 Moodle 的强大讨论功能。通过 Moodle 提供的聊天室、讨论区、Wiki 等工具，师生、生生可以展开各种讨论与协作。术语表、投票等工具也为小组的讨论与协作提供方便快捷的支持。

《水浒传》是"中国小说欣赏""历史与英雄"主题的其中一课。《水浒传》是以北宋末年史书记载的宋江起义作为主要依据，结合民间传统的戏曲、话本中有关故事加工创作而成的历史小说。在《水浒传》的主题研究中，目前还存在着不少争议，主要的观点有三种：一是认为歌颂的是"侠义"说，二是认为写的是"农民起义"说，三是认为表现的是"为市井细民写心"说。

---

① 王林发. 基于 Moodle 的"中国小说欣赏"项目教学实践与探索 [J]. 中国电化教育，2010，(12)：82—86.（题目为作者所加）

"历史与英雄"项目教学小组的任务就是对《水浒传》的"侠义"进行研究。

步骤二：项目任务

项目教学名称：《水浒传》的"侠义"。

项目教学目标：除利用教师在 Moodle 知识管理系统提供的学习资源外，学生还可以通过更改模板修改搜索资料时每页显示的条目数、排序的方式等，实现多样的排序功能和强大的搜索功能，必要时通过 BBS、聊天室、Blog、Wiki、E—mail 等向教师或同学求助，了解《水浒传》的作者经历、时代背景、创作动机及作品的社会影响等，用于分析和理解作品的主题。

学习预期成果：《水浒传》的人才竞争研究；《水浒传》的"英雄"研究；《水浒传》的"招安"研究。成果形式可以是小型学术论文，鉴赏评论文字，也可以是读后感，随想等等。

步骤三：活动探究

——行动计划

每个小组制订详细的行动计划，主要包括主题项目的时间计划和活动设计。在时间方面，《水浒传》的"侠义"研究要求约用 8 个课时，前 2 个课时用于搜集资料，中间 4 个课时用于探究和撰写，最后 2 个课时用于作品展示和交流；在活动方面，首先了解关于《水浒传》的相关知识，比如作者经历、创作背景；接着分析、研究《水浒传》的主题，并撰写学习报告；最后用相关文献资料来证明、验证观点。

在 Moodle 中，设计行动计划这一环节，是在课程中通过添加 Wiki 活动，让学生以组为单位进行讨论完成的。在小组中，每个人都可以发表自己的观点、修改组内制订的方案。在这里要特别注意建立 Wiki 活动时将类型设定为"小组"，将小组模式修改为"分隔小组"，以保证学生可以以组为单位进行探究。

——提供资源

Moodle 资源模块支持显示任何电子文档、Word、PPT、Flash、视频和音频等。教师根据每组学生的项目计划使用资源模块建立学习资源库，及时在资源库中提供资源下载、网址导航、在线阅读等，作为课堂讲授、案例阅读和资料收集的支持材料。更多的学习资源需要学生进行搜集。下面的资源列表为学生的探究提供指南：

●文本在线阅读：

纯文学网站—《水浒传》在线阅读 http://www. purepen. com/shz. htm

●研究资料汇编：

豆瓣学习读书社区—胡适、鲁迅解读《水浒传》

http://book. douban. com/doulist/236857/? start＝0

明清小说研究网站—从宋江与李逵的关系看《水浒》主题思想的表现及其矛盾性

http://www. mqxsyj. com/zlwl/shz/index. asp

梁山文化研究网站—试论《水浒传》的悲剧历史底蕴

http://www. lsw123. com/culture/shyj/1048. html

中国古代小说网站—《水浒传》研究

http://BBS. zggdxs. com/Article/xstj/ylxs/201008/2329. html

——深入研讨

确定研究什么，从哪几个方面进行？确定学习主题是探究成败的关键。比如为什么说《水浒传》并不是一般的英雄传奇，而是以传统的"侠义"形式和手法来表现作者长期郁积于心的"感时政衰败"之情，是对当时社会的抗争？教师可以通过 Moodle 学习管理系统提供的讨论区与学生进行商讨与互助。对于学生来说，可以自由地选择合适的教师申请该教师成为自己的课题导师。这样，通过学习资源、BBS、互动评价、聊天室、Blog、Wiki、E-mail等实现深入研究。教师要在课程平台上添加"作业"模块，要求每组定期向教师提交一份活动情况的作业，便于教师了解学生探究活动的进展。

步骤四：作品制作

经过一系列的讨论与探究，学生得出了比较成熟的结论。每组学生要将探究活动中学到的知识技能把探究结论制作成作品（格式可以是电子文档、PPT，也可以是视频、音频等等），并以作业的形式上传到 Moodle 学习管理系统上，向全班同学对比展示。如果学生的作品比较出众，教师可以帮助他们修改和推荐到相关报刊发表，这样既增进学术繁荣，又让学生真正走进现实的科学研究。《时代的印记》（南京大学出版社）是"中国小说欣赏"的研究成果，其中收录了《滥杀无辜非公民社会所为》《人才竞争应是良性的竞争》等多篇同学们关于《水浒传》的"侠义"研究的文章。

步骤五：成果交流

《中国小说欣赏》项目教学运用 Moodle 模式的过程中有一个显著的特点，那就是：作品欣赏任务完成了，并不意味着解决了所有的问题。Moodle 可以提供一个面向对象（SOA）的空间——包括 BBS、互动评价、聊天室、Blog、Wiki 等，学生通过 Moodle 这些功能发表自己的见解，并从不同的角度审视别人的观点。个人见解与他人观点相互碰撞，可以使学生重新思考和审视自己的研究，修正论据和展开新的研究，可以产生更为成熟的结论。教师除了参加讨论外，还要很好地组织和控制讨论的顺利进行。比如，教师可以引导学生继续讨论以下问题：

其一，"梁山好汉"是"英雄"还是"暴民"？为什么？

——"英雄"之为：崇尚见义勇为，讲究忠孝节礼义；"暴民"之举：不遵守社会的法律秩序，采用非理性手段解决问题。（也有另一种观点，"哪里有压迫，哪里就有反抗"。）

其二，宋江可不可以不接受招安？

——如果作者不写他接受招安，中国历史就得改写。事实上，中国历史上从陈胜吴广到洪秀全，封建社会的农民起义只成功了一回，那就是朱元璋所领导的那次。（也有另一种观点，没有"第一"，宋江可以创造"第一"。）

步骤六：项目评价

Moodle 支持学习记录的跟踪，教师可以查看任何学生的学习报告，包括访问课程的次数、时间以及场所，学生参与某个教学模块的学习情况。报告可以以图表的形式动态生成，同时也支持下载，教师通过 Excel 等其他工具对下载数据进行深入分析，对学生的项目教学进行过程性评价。综合考虑 Moodle 的评价特点和项目教学的教学内容，我们对《水浒传》的研究主要采用过程性评价，根据主题内容权重（对任务所列问题的回答占 30％＋提交的作品占 40％＋在探究过程搜集到的资料质量占 30％），将最后综合（Moodle 自动汇总）的评分计入总分。

1. 实现个性化学习

"项目"为个性化学习提供平台。它通过主题形式，把项目教学的一系列活动过程呈现给学生，学生可以自由选择自己感兴趣的话题进行自主学习。例如，学生用审美的态度来研读文学名著《水浒传》，把它当作研究人生、研究社会的案例。学生在研究过程中发现"梁山好汉"究竟是"英雄"还是"暴民"的问题，并以此为契机，从中获得"《水浒传》的侠义研究"的学习项目。在探究过程中，自己的学习成果得到个性化的表达与交流，知识得到有效内化，能力得到有效提高。

2. 实现协作性学习

"项目"为协作性学习提供平台。学生通过合作方式，与同学和教师建立"学习共同体"，进行密切的协作学习。比如，教师要求学生运用"知人论世"方法分析《水浒传》的主题思想，学生可以一边搜索网络资料，一边参与讨论，大家畅所欲言，欣赏小说的规律与技法这种带有普遍性的能力就是在这种状态中获得的。

3. 实现自我能力构建

"项目"为自我能力构建提供平台。它通过自主方式，不仅为学生和教师进行"头脑风暴"提供有利契机，而且使学生有更多机会对比自己原始写作的版本和同伴修改后的版本，并在此基础上进一步修改，使文章获得"升格"。

比如，把《水浒传》项目教学分为三个阶段：第一阶段要求学生创建个人"《水浒传》欣赏"专栏，并与大家分享；第二阶段由学生组成编辑小组，将专栏文章荟萃为"《水浒传》欣赏专刊"；第三阶段由学生组成编委会，按图书出版的标准精选作品编辑成书《〈水浒传〉"侠义"研究》。策划、组稿、编辑、主编、排版和插图等，这些活动主要通过自主和协作由学生完成，使学生在"做中学"回归实践的本义，这种"问题就是解决"的项目教学是对过去灌输教学的一个重大改革。

第二节　创新教学的新模式

一、　项目教学的先进理念

项目教学是以问题为教学载体进行实践的活动，强调"知行合一"、侧重"做中学"。教师依据教学目标与教学进程，指导学生通过提出问题、分析问题和解决问题进行探究学习；学生以问题为学习契机，临近问题现场，参与实践，对活动所涉及的学习环境、学习情感、学习信念等进行审视、反思和改进，主动地获取知识、应用知识、实现知识意义建构的学习活动。作为一种为了适应新课程改革而产生的新型教学模式，项目教学被认为是知识转化能力的过程，是学生"创新力"迸发和实现的过程。项目教学以实践为基础，使教育回归教育的本质，从而反转重理论轻实践、重知识轻能力的教育弊端。

（一）项目教学的价值观

项目教学旨在培养学生解决问题的实践能力和创新能力，它的价值观与培养目标、培养方式有关。项目教学以促进学生准确把握问题，正确解决问题，促进创新能力发展为基本目标，以"问题学习"为方式促进学生创新性思维的提高。

（二）项目教学的资源观

实践与反思是获得知识的必要条件。学生如果对学习进行"实践与反思"，则可构建意义知识——从这层意义来说，学生面临的问题和需要解决的问题就是丰富多样、不断增生的学习资源。

（三）项目教学的方法观

学生以获取知识为学习取向，以实践能力为出发点，以现实问题为探究对象。面对"当下"的情境，学生则在这种"提出问题，分析问题，解决问题"过程中成长。

项目教学注重发挥学生作为参与者的主观能动性，实现思维与学习同步成长；而学生只有在实践中成为真正的参与者，才能反过来促进其学习行动。它以学生为主体，立足于问题的解决、反思和体悟，并逐步将其内化为实践能力，从而为以后成为合格的，优秀的公民奠定扎实的基础。

二、 项目教学的理论支撑

项目教学主要以建构主义理论、人本主义理论、认知主义理论等为基础，强调在"做中学"，通过"项目"培养、促进学生的创新意识与探究能力，为创新型人才的发展奠定基础。

（一）建构主义理论

建构主义学习理论强调学生在学习过程中主动建构是一种互动、交流的活动过程。学习的发展是依靠人的经验为基础的，由于每一个学习者对现实世界都有自己的经验解释，因而不同的学习者对知识的理解会不完全一样，从而导致有的学习者在学习中所获得的信息与真实世界不相吻合。此时，只有通过"实践"，经过一定时间的磨合之后才可能达成共识。项目教学集中体现了建构主义教与学的理念，是一个以"实践"为基础的学习活动，目标是通过"实践"来解决问题，帮助学生进行高层次的思维和推理，培养创新意识与科研能力。

（二）人本主义理论

人本主义学派主张心理学必须说明人的本质特征，人的内在情感，潜在的智能、目的、爱好、兴趣等人类经验的一切方面。[①] 基于人本主义理论，情趣化口语交际教学倡导教学过程不仅要注重学生的情感体验，还要注重激发学生的学习兴趣，充分贯彻情趣化的教学理念，使学生在良好的教育氛围内主动愉快地学习，始终充满自信感和成功感，不断涌现出新思想和创造力，知、情、意得到全面的发展。

（三）认知主义理论

认知主义理论的代表人物布鲁纳认为，人是主动参与获得知识的过程的，是主动对进入感官的信息进行选择、转换、存储和应用的。[②] 项目教学就是改变以往满堂灌的模式，改变赶鸭子上架的沉闷氛围，以富有趣味性、新鲜性和情感性的情趣化模式来激发学生学习的主动性，让学生主动接收信息，并主动进行知识的转换、存储和应用，充分提高教学效率。

三、 项目教学的独特价值

美国学者阿诺德·格林伯格（Arnold Greenburg）指出，21 世纪的工作环境要求人们能够进行项目工作，与同事合作，并且能够控制自我和管理项目。按照工厂模式批量制造一个模式的学生的时代必将成为过去。通过项目教学提高学生的创新能力，对于培养创新型人才具有重要意义。

---

① 朱为群. 罗杰斯人本主义教育理论述评 [J]. 教育理论与实践，1991，(5)：53.
② 谢婧. 认知主义学习理论概述 [J]. 文教资料，2006，(28)：101—102.

（一）建构了适应教育发展形势的学习能力

历史进入 21 世纪，人类知识正以几何级速度进行更新换代。这是一个知识爆炸的时代，它体现了历史的进步和文化的革新，标志着人类在探究自然、认识自我的道路上又前进了一步。在知识爆炸时代，人类的认识总滞后于知识的生长，教师如何既能把握原有知识不让自我迷失，又能掌握新增知识不让自己落后于时代？这是一个值得认真思考的问题。我们着眼于新课程改革的需要，通过项目教学的实施，在反思和内化的基础上建构适应教育发展需要的学习能力，从而为创新型人才的培养提供了可靠支持。师生在完成一个真实项目的活动中，历经调研观察、查阅文献、收集资料、分析研究一系列过程，在充分运用学科知识和技能的基础上，在动手实践体验、思想内化吸收、综合探索创新中，获得完整而有效的学习能力，不断适应时代发展形势。

（二）创新了适合新课程改革的教育能力

项目教学的目的是理解教育本质，抽象教育规律，掌握解决教育问题的方法。这是一个"问题—尝试—反思—新问题—调整—反思"多次反复的过程，需要在总结以往学习经验基础上有所开拓和创新。教育能力的生成和创新，既是项目教学自觉实现的基本目标，也是项目教学自觉走向的必然路径。项目教学以"项目"为载体，开展"以问题为本的学习"，进行探究方法、创新思维和探究能力的训练。教师通过项目教学将获得教育能力，是根据课改要求，满足课改需要的产物，将具有更大的适用性和发展性。

（三）落实了培养创新型人才的创新能力

随着时代的发展，社会对创新能力的要求越来越高。为了适应这一要求，教师尽管已从"静态教学"转换为"动态教学"，教学理念、教学内容、教学形式都发生了较大的变化；但是，在教与学过程中，过于强大的教育观念、教育理论对教育实践形成了殖民、压迫、围剿的态势，抑制了教育实践自由生长的势头，导致了项目教学的萎缩。[①] 这与创新教育的要求相距甚远，培养的人才往往难以胜任社会需要。但是，如果基于项目教学，则可以凭借"项目"，以开放视野去研究问题，抽象出事物的规律性，并用系统的语言进行有创意的科学表达。同时，在研究过程中发现问题，并以此为契机，从中获得解决问题的方法，从而促使学生由被动学习转变为主动学习，既锻炼学生的自主意识，又培养了他们的创新能力。

---

① 龙宝新. 教育观念能撑起教师教育的大厦吗——对专业型教师教育核心理念的质疑与反省 [J]. 教师教育研究，2008，(4)：4—9.

第一章　项目教学的构成要素

项目教学是一种革新的教学策略，是指师生将教学知识作为一个完整的项目进行实施的教学活动过程。典型特征为"项目为主线、教师为主导、学生为主体"的项目教学，突破了以"课程""教师""课堂"为中心的传统的教学理念，融合了建构主义理论、多元智能理论、实用主义教育理论和做中学理论等教育思想，适用于不同层次的教育，无论是高等教育、中小学教育，甚至幼儿教育都可以贯彻实施。从动态教学过程的视角上透视项目教学发生的过程，不难发现项目教学主要是由项目任务、项目规划、项目管理三个要素构成的具有综合性功能的有机系统。如果不正确地认识这些要素，就难以提高项目教学的有效性。

第一节　明确的项目任务

在新课程推进中，以"学生发展为本"成为教育教学的核心理念。教学是一个师生双边互动的动态过程，项目教学是指师生通过共同实施一个完整的项目工作而进行的教学活动，在教学过程中，把教学内容巧妙地隐含在一个或多个项目任务之中，力求以任务驱动，引导学生在"做中学"掌握项目内容，旨在培养学生分析问题和解决问题的能力。从项目教学特征来看，明确的项目任务在项目教学中具有极其重要的地位。

一、 项目教学中 "任务" 要素的重要性

（一）贯穿始终，驱动探索

建构主义理论认为，知识不是通过教师传授得到的，而是在教师的指导下，由学生在主动探索、主动发现过程中通过对知识意义的主动构建方式获得的，强调以任务为驱动，提倡学中做和做中学。从项目教学实施的过程看，任务贯穿于项目教学活动的整个过程，而且在不同的教学环节它都有着不同的地位和作用。

项目教学改变了传统的以教师为中心、单纯传授书本知识的教学模式，围绕项目知识设计出明确的、具体的、可实施的任务，学生在完成任务的过程中探索知识，容易培养学生探究学习和求知的欲望。在这个过程中，学生在任务的驱动下一步一步地探索，不断体验成功，并随着任务的一步一步实现，可以更大地激发学生学习的兴趣和探索学习的欲望，逐步形成感知心智活动的良性循环，从而培养出独立探索、积极进取的自学能力。

（二）任务导向，促优教学

任务是项目教学活动中的重要要素，是项目教学的基点。项目教学法是一种任务导向教学法，它并不是某种具体的教学方法，而是以任务为出发点，围绕该任务中心展开的一系列教学活动的教学方法。由于完成任务目标的确定性和完成途径的多样性，学生个体在完成任务过程中会遇到不同的困难和障碍，他们会在任务的导向下，不断地修改和调整自己方案，重新确定路径、方向和方法，可以很好地达到培养学生能力的效果。

具体来说，项目任务还是项目教学活动中制订计划、实施计划和项目评价的依据。没有具体的任务，计划的制订和实施就没有了方向和方法，整个项目教学也会像一盘散沙，失去了教学的意义。另外，学生在项目学习过程中，对任务内容特点的把握、完成的任务采用的途径和方法，以及对学生的能力评价等都是评价的内容。不难发现，在项目教学中，任务是项目教学中非常重要的要素，所以项目教学过程中要有明确的项目任务，充分利用其功能和作用。

二、 项目教学中任务设计的原则

（一）量力而行原则

任务的设计首先要为教学服务。在项目教学中，教学任务的制订应该要遵循量力而行的原则，大致包含两层意思：一是教师根据教材的"材力"来制订教学任务，抓住知识之间的影响力来提高教学的生长力；二是教师根据学生的"学力"来制订教学任务，挖掘学生之间的潜在力来焕发教学的生命力。[①] 不可否认，项目教学中的任务非常适合对学生的基本知识和技能的培养，但这并不是说，它只能培养技术层面的知识素养，在完成任务的过程中，伴随着相关知识的内化和技能的提高。作为促进学习的教学任务，就必须要遵循量力而行的原则，充分挖掘教材的"材力"和学生的"学力"，科学设计项目教学任务。

1. 任务设计要以教材的"材力"为依据

教材的"材力"就是教学大纲，它以纲要的形式规定了课程教学的教学目的、任务；知识、技能的范围、深度与体系结构等等。项目教学活动设计的教学任务要在教学大纲所要求的理论知识和基本技能范围内，包含教学内

---

① 严育洪，管国贤. 教学任务，以何为任？——谈教学任务的"人为"与"为人"［J］.
江苏教育，2009，（28）：26—28.

容的基本知识点。教师要认真地分析教学大纲，凭借自己对教材的理解，将教学内容巧妙地蕴涵到精心设计的一系列知识或能力训练的实际任务中，让学生通过自主探究或小组合作的形式完成教师设置的教学任务，在完成各种任务的过程中培养学生的分析问题、解决问题的能力，使学生的知识、思维、技能和情感得到锻炼和熏陶。

2. 任务设计要从学生的"学力"出发

"以人为本"强调了学生在项目教学中的核心地位，因此在任务设计时要了解学生、适应学生、贴近学生，要始终把学生放在第一位，要以学生为最终的落脚点，让教学任务成为可接受、容易理解的学习任务，可提高学生学习的内驱力，进而提高教学质量。

值得一提的是，根据维果斯基的"最近发展区"理论，学生最乐于挑战有适当难度的问题。因此，在任务设计中应根据学生已有的知识经验和智能发展水平，尽可能在学生的最近发展区设置任务，让学生不断有挑战感，这样对学生的思维具有启动、维护、加速的作用。

（二）循序渐进原则

任务设计的好坏直接体现在任务设计是否做到循序渐进。根据多元智能理论，学生在知识、接受能力、思维方式等方面存在一定的客观差异。开发学生潜力，培养学生的综合能力，任务设计就要从学情实际出发，尊重学生个体差异。只有满足不同学生的需要，学生才能积极主动地参与学习，以保证对知识的主动建构。同时，任务设置应由易到难、前呼后应、层层深入；形式要变化多样，由初级到高级多个任务形成任务链，使项目教学呈阶梯式层层推进。

1. 设计的任务要具体化，系统性

遵循循序渐进原则，项目任务的设置就要做到具体化和系统性。任务不能太空泛，应尽可能具体化，有明确的具体的任务要求；任务不能太琐碎，应具有一定的完整性，便于综合能力的培养；任务不能太零散，应体现项目的系统性，促进知识技能的转化。因此，任务的设置要注意各个知识点之间的联系，使项目任务知识之间形成一个系统，子任务服务于母任务，学生在完成这个任务后即建构了相应的知识框架，激发学生进一步学习下一个任务的动机，尽量做到任务之间环环相扣，逐步提高。

2. 设计的任务要有难度梯度，因材施教

世界上没有完全相同的两片叶子，也没有完全相同的两个学生。不同的学生，接受知识的能力往往也会有很大的差异。纵观我们以往的教学，都存在着这样的情况：教师给所有的学生制订一个教学目标，布置同样的学习任务，然后用同一把尺来衡量、评价每一个学生的学习；学生用同样的方式学习，用同样的方法解决问题，而且只有唯一的答案。这种程序化的教学方式如同用现成的模型做泥人，最终将出现"千人一面"的结果，禁锢了学生的个性，制约了学生之间的差异，不利于学生的发展。

因此，教师在进行项目教学的"任务"设计时，要从学生的实际出发，针对学生的心理特征、兴趣爱好、智力水平、潜在能力和学习方法等方面的差异，设计的任务要有层次和梯度，由易到难，前后相连，层层深入，满足不同学生需要，学生才能积极主动地参与学习，以保证对知识的主动建构。

（三）趣味性原则

兴趣是最好的老师，是推动学生寻求知识、探索真理的精神动力。项目教学是培养学生主动探索知识、增强主体意识、发展自我能力的过程。因此，一个好的项目任务不仅要考虑教学的需要，还要充分考虑学生好奇、求新、求趣的心理特征，通过趣味性任务驱动的方式，引起学生的注意力，焕发学生内心强烈的学习需要。例如，在"走进李白"项目学习活动中，可以巧妙地设置为角色扮演活动或讲故事等形式，组织进行一次李白诗词从内容到形式上的故事化比赛项目教学活动，可以激起同学们对原本枯燥难懂的古诗文的强烈探索兴趣，这无疑对学生的学习产生极大的促进作用，从而达到最佳的学习效果。

（四）综合性原则

一个好的项目任务的设计将是良好教学效果的主导。项目任务的综合性原则作为项目教学成功实施的一个重要要求也应该引起重视。为达到有效改善教学效果的目的，项目任务的实施应该能够把先前学过的知识和将要学的新知识综合起来，把项目任务的知识性和体验性相结合，与其他学科的知识、日常生活发生联系，否则该项目任务将是空中楼阁，如无水之源。任务知识应该是任务实践生成的主体的知识，任务实践更应该是主体生成的实践，遵循任务设计的综合性原则才能更好地引导学生在理解基础上温故知新，牢固掌握相应的知识和技能，促进学生的自主学习和全面发展。

第二节　严谨的项目规划

随着社会的进步和教育事业的发展，以教师讲授为主导的传统灌输式教学方式已经不能适应新的学习要求和现在竞争激烈的社会对人才能力的要求，现代课堂教学的重心应该由教转向学。项目教学就是这样一种现代教学方式，其特征是以项目为基础，以任务为依托，以学生为主体，以教师为主导，创造了学生主动参与、自主协作探究教学全过程的教学模式。好的项目教学活动并不是靠运气歪打正着蒙出来的，而是要通过前期的深思熟虑、严密规划以及过程中的严谨对待、切实管理实现的。针对项目教学至关重要的构成要素——项目规划，本节将从项目教学规划的教学过程和教学策略两个方面展开阐述。

一、以终为始，设计项目教学过程

"以终为始"的项目设计理念，是指运用逆向思维将教学活动倒置的方法，要求从一开始就根据预期结果来设计过程，即在项目设计时，先考虑清楚该教学活动要获得一个怎样的效果，然后通过逆向思维倒推法，考虑要实现这一教学目标需要采取的教学措施、过程中可能会遇到的问题以及规避这些问题的解决方法，进而设计出较为完善的项目教学活动。

教学过程通常是指教学系统的运动变化的过程，即教学活动开展的过程。在项目设计时，我们可以从以下几个步骤去规划项目过程：

（一）确定项目

项目的选定一般是由教师和学生们一起商量确定下来的，项目任务一般情况下来自于两个方面，一个是由教师根据现阶段的教学内容和学生的认知发展水平提出的设想；另外一个是来源于教师对学生学习情况的研究而精心设计、改造的项目。一般而言，项目体现的学习的主题和目标，除了要与学生的日常生活经历相关、符合学生的智力发展水平、能引起学生的探究的兴趣以外，还要具有一定的延伸性，有一定的现实教育意义。项目选定时可以结合多个学科知识来设计合适的项目。

（二）制订计划

项目确定了之后，必须制订一个项目实施计划。计划的内容包括：学习时间的详细安排和活动计划；学生在教师的帮助下对项目学习所需的时间作一个总体计划；做出一个详细的时间流程安排，并对项目学习中所涉及的活动预先进行规划。[①] 一般一个项目教学活动都会包含多个项目任务，这时候学生就要在教师的指导下以分工合作的方式来完成各项目任务。

分组教学是项目教学法常用的模式，在这个阶段，围绕所要研究的学习项目，教师可以根据全班学生的基本情况，先让学生自由组合，然后教师再

---

① 于瑶. 职业学校开展数学项目学习的理论与实践探究 [D]. 济南：山东师范大学，2006：20.

进行调整，指定项目组长。每组一般控制在 4～6 人，学习基础和能力不同的学生进行合理搭配，组成项目小组。然后学生和教师一起制订小组的项目行动计划，确定工作步骤和具体分工，以便更好地开展项目工作。①

（三）项目前置

由于项目教学是一种较为新型的教学方式，为确保项目教学质量在正式开展项目教学活动之前，教师要适当引导学生提前了解项目相关学习资料，学生可以根据自己的兴趣，查阅更多的有关项目资料。通过前置性学习，激发了学生学习的主动性，同时也避免了个别成绩较差的学生难以进入课堂的这种情况，培养了他们对项目的探究能力，从而提高项目教学课堂学习的效率。如在学生英语对话项目模块教学中，教师可以先提供给学生对话教学的资料，鼓励学生根据自己的兴趣自行查阅，让学生展开关于对话教学的整体知识的初步感知。

（四）实施项目

这一阶段是基于项目教学的主体，学生在这一过程中内化理论知识，实践教学方法，是项目教学区别于其他传统的教学活动的一个重要特征。在此阶段，教师更多的是学生学习的组织者与领导者，主要是组织和引导教学过程，以学生为主体展开项目教学活动。

从教学实践中看，项目教学中一般采用的是小组合作的学习方式，每一位学习者都要明确本小组成员之间的合作形式以及自己在小组中的角色任务，然后严格按照步骤和程序来完成项目所要求的具体任务，小组学习能使学生体验到个人与集体共同成长的快乐。项目教学改变了以往学生被动接受的学习方式，创造条件让学生能积极主动地去探索和尝试。这不仅有益于学生项

---

① 何志勇. 项目教学法及其在中职技能教学中的应用 [D]. 武汉：华中师范大学，2010：19.

目知识的建构和能力的培养，而且有利于培养学生的协调沟通能力和团队合作意识，有助于每个学生的责任感和工作精神的形成。

（五）展示交流

与传统的教学活动不同的是，项目教学活动项目任务完成后，各项目小组要整理形成自己的作品，然后对项目活动过程和教学成果进行汇报展示与交流，成果汇报分享的形式可多种多样，如：报告会、展览会等等。交流项目学习过程中的经验和体会、遇到的困难以及解决方法，分享项目完成的成功和喜悦。在展示和交流的过程中，学生们可以共享成功的经验和失败的教训，共同成长。

（六）评价反思

在这个环节，首先教师要不断地引导学生对项目开展过程的各种细节进行分析、总结，学生对各环节还存在的问题进行提问和互动。然后教师及时讲授相关的理论知识并补充，引导项目小组开展反思，进行归纳总结。

在项目学习中，评价反思要结合学生自评、小组互评和教师点评的方式，其出发点不是单纯地判断学习者的学习结果，其主要目的在于通过项目学习帮助学生不断完善自我，学会识别项目完成过程中学生的强项和弱项，并为学生提供相应的建议，从多个层面促进学生个人和小组的进步。

二、 不拘一格， 创新项目教学策略

项目教学是师生通过实施一个完整的实践性"项目"而进行的教学活动，其教学法的目标在于把学生有意识地融入到一个个完成项目的过程中去，调动学生的积极性、自主地对知识进行建构，把通过学习所掌握的知识技能以及培养起来的解决问题的能力作为最终的目标。在新的教学模式下，要提高学生的学习主动性和学习效率，就必须不断创新教学策略，发展学生的自主

发展能力。

（一）以小带大，有效教学

项目教学中一个比较有效的方法是小课题带动大过程。为配合课程改革方案的实施，促进有效教学，教师可以根据学生的认知基础和学科大纲要求，重整教材，将上课的教学任务设计成一个个小课题，由学生通过团队组织的集体对其进行研究，从而帮助学生掌握知识、技能。具体做法是，先是培植学生的问题意识，以问题为载体，让学生通过收集分析和处理信息等学习活动来实际感受和体验知识和信息的收集、整理、加工、重组和应用的全过程，进而深入地领会知识的意义和内涵，通过项目教学活动来引导学生提高运用知识、自学、实践操作、自我评价、分析和解决问题等的能力，让学生在不断探索中学习，促进学生的全面发展。

（二）以学代教，角色转换

建构主义认为，教师的主要作用是作为意义建构的协助者以及促进者，不是通常所说的知识的灌输者与提供者，其作用不是像传统教学中的知识传递的权威，而是辅导学生学习的辅助者。和传统的教学法相比，项目教学法一改以往教师为主、学生为辅的教学方法，确立以学生为主的课堂教学模式，变你讲我听、你书我记的填鸭式被动教学为以学生为主导、学生主动参与、教师引导点评的主动教学模式，以学生的学为主，教师的教师为辅。因此，在项目教学规划过程中，要以培养能力为重点，以启发和发展学生思维为突破口，充分发挥学生的主观能动性与创新精神，调动学生学习的积极性和主动性，将"讲堂"变为"学堂"，把时间还给学生，使学生真正成为课堂的主人，实现高效课堂。

第三节　严谨的管理过程

项目教学是新课程改革中所倡导的一项重要教学理念，它是针对传统教学的弊端提出来的，它强调教学不是封闭的、单向的、静态的知识传递与接受过程，而是一个开放的、充满对话和交流、具有不确定性的过程。因此，有效促进项目教学过程管理的落实，对于促进课堂增值，具有非常重要的价值和意义。

一、落实开放性教学，让项目教学绽放光彩

（一）开放教学理念，唤起求知欲望

随着新课改的不断深入，新课程教学理念也不断转化教师的教学行为。在项目教学中，教师要用发展的、多元的、动态的、灵活的教学理念对待教学，营造一种生动活泼、民主平等的教学氛围，而不是死板地停留在原有的教学设计上。开放性教学理念主要体现在：

其一，师生角色关系上。在传统教学中，一般是教主宰学，学服从于教，教师与学生的角色就是无创意的"搬运工"和被灌输的"容器"，教学的过程只是将知识从教案上传递给学生的过程。而项目教学开放的教学理念则要求改变以往课堂教学中教师的主导地位，在教学过程中始终把学生看作处于不断发展过程的学习主体，看作是一个身心不断构建升华的人。

其二，课堂教学模式的变革上。建构主义认为，学生是生成的、建构的、发展的主体，而且这种生成、建构和发展在项目教学的过程中得到了充分体现。项目教学过程中遵循以人为本的理念，注重培养学生探究的兴趣和实践能力，倡导"自主、合作、探究"的学习方式，在教师的引导下，在确保学生的主体地位的基础上，让学生积极地思考，主动地探索。

（二）开放教学方法，促进主动参与

常言道：教无定法。伴随着新课程理念的实施，多样化、开放式的教学方法越来越受欢迎。除了精心指导学生自主学习的学习方法以外，探究学习、小组合作学习、分层次组合等学习方法也是非常重要的。在教学过程中教师应该根据学生发展的需要，因材施教。探索多种能激发学生学习的方法，创设各种教学情境，激发学生的学习动机，唤起学生的好奇心和求知欲，调动学生的积极性和主动性，学生才会真正实现主动参与。

（三）开放教学过程，提升教学效果

项目教学作为一种新型现代教学方式，其教学课堂应该是一个充满生命力和活力的课堂，具有开放的教学过程。在项目教学过程中，教师应适当把一些间接经验转化为学生学习的"再创造"的项目实践活动，放手让学生实践，让他们在感受中，加强项目知识的体验学习。封闭的教学过程必然会阻碍学生的参与，所以项目教学过程中要注重开放性课堂的开展。要完善开放式项目教学过程，就要做到"三有"：有开放的教学空间、有开放的交流形式和有开放的教学时间，这样才能形成灵活便捷的教学模式，这也有利于创造精神和创造能力的培养。

二、 搭建交流平台， 促进项目教学的有效开展

素质教学的理念要求教学从以教师为主、以教案为中心的那种传统教学模式中解脱出来，如此一来，教师与学生都是课堂教学的参与者。由此可见，加强项目教学活动的管理，注重教学活动间的交流，能更好地促进项目教学的有效开展。

（一）教师与教师的交流

在新的课程教学理念下，课堂教学不再仅仅是传授知识和训练基本操作，

更是促进学生提升应用能力和形成创新能力的过程。项目教学作为一种新型现代化的教学模式，如何在实践中有效组织开展好项目教学活动是众多教师在探索的一个问题。为此，在项目教学活动的管理中，教师之间组织项目教学活动为其他教师所分享，相互交流共同探讨，有助于教师们在参与项目教学中获得实践智慧和理性认识，在帮助其他教师少走弯路的同时，也可以借鉴他人经验，从他人的思考角度重新审视自我对项目教学的某些认识，从而提升自己的教学水平，进而提高项目教学活动的有效性。

"独学而无友，则孤陋而寡闻。"深入推动项目教学的开展，教师与教师之间的交流可以通过两个方面展开：一是教研商讨，预设课程；二是开课观摩，交流体会。通过与同行之间的交流，在教学实践中落实项目教学的理念，有效开展项目教学。

（二）教师与学生的交流

在传统的课堂教学中，由于片面强调教师的权威，教师与学生的交往常常表现出强迫性、单向性和不平等性等特点。[①] 在这种单向式的一言堂教学中，学生是被迫地处于"要我学"的状态，学生的学习主体地位也就难以实现。项目教学过程中注重突出学生的主体地位，摒弃被动接受学习的习惯，让学生在与教师的交流互动中完成项目任务，极大地调动了学生参与的积极性。项目教学的师生互动交流方式多种多样：教师生动直观性的知识启发式交流、教师引导下的学生探究或教师与学生之间的对话交流等。

可以说，教学的本质是教师与学生的交流过程，其中既包含教师的教，也囊括了学生的学。因此，新课程改革下的项目教学课堂，也是学生与教师交流的和谐课堂，项目教学中应该注重教师与学生的交流，才能使课堂充满活力，促进项目教学的进一步开展。

---

① 程广文，宋乃庆. 论数学课堂交往特殊性 [J]. 数学教育学报，2009，(9)：28—32.

（三）学生与学生的交流

在项目教学实施过程中，除了教师与学生的交流互动外，还要树立"学为主体"的观念，引导学生之间进行交流。学生之间的项目学习交流的过程是学生思维相互碰撞、相互启发补充、共享共进发展的过程。

学生与学生之间的交流一般表现为两种形式：一是讨论交流。项目教学过程中，学生之间相互讨论问题、释疑答惑和交流体会；二是争辩竞争。小组之间展开项目任务完成情况的竞争，展现了合作精神与团队意识。总而言之，项目教学要注意培养学生的交流能力，充分发挥学生的主动性，从而提高项目教学课堂的学习效率。

（四）学生与外界的交流

传统意义上学生习得的知识主要来自于课堂，显然，这限制了学生的学习渠道。在全新的教学理念指导下，项目教学中教师不再是学生获取知识的唯一对象，教学课堂已经延伸到学生家庭和整个社会。项目教学要引导学生与外界社会的互动，从而使学生自己获取知识、巩固知识的渠道更宽广，为项目教学的有效性开展添上点睛之笔，将教学理念落到实处。

三、 建立评价制度， 推动项目教学的全面发展

教育评价对项目教学而言是一个重要环节，因为它是教育体系中的一个反馈机制。信息反馈，无论对学生学习优化、对教育教学工作的效率，对教学的深入开展都会起着至关重要的作用。评价是研究教师的教和学生的学的价值的过程，它不仅仅是对教学结果的评估和测量，更重要的是对教学工作的深入开展的一个暗示和导向。项目教学管理在这里主要探讨的是从项目教学中学生和教师方面建立评价制度的问题。

（一）对学生的评价

项目教学是以学生为主体的教学法，因此项目教学评价也应该以人为本，促进学生的全面发展。按照培养学生综合能力的目标，项目教学活动中对学生的评价指标体系应该体现多元化的特点，即评价内容多元化和评价方式多元化。

其一，评价内容多元化。项目教学活动中对学生的评价指标体系应该从项目知识水平、实践能力、项目成果以及创新型等方面来确定考核评价的内容，主要评价内容应该包括：学生参加项目教学活动的积极程度、学生知识的掌握程度和具体操作技能、独立完成项目要求的情况、与小组有效合作对课程项目各子项目任务完成情况、资料收集能力、异常问题解决能力以及教学活动过程体现出的创新性等等。评价内容尽可能多元化，体现学生的知识掌握的真实性，可以有效激发学生的学习热情，促进学生的全面发展。

其二，评价方式多元化。项目教学的评价方式应该结合教师评价、学生自评、学生互评等多种方式进行评价。首先，教师的指导性评价要围绕项目实施过程，关注学生个体差异。教师应该多用鼓励性语言，客观、全面地对参与项目教学活动的学生进行评价。其次，学生自评是指作为主体的学生对自己参加项目教学全过程的表现进行评价。学生自评有助于培养学生个人自我评价的意识和能力，有助于学生的自我实现、自我发展与完善。再次，学生互评即小组成员之间相互评价，在这一过程中，个体可能得到其他人的认可和表扬，也可能承受其他人的批评和指正。小组评价在调动学生的学习积极性、激发学生思考探索的同时，也锻炼了学生的心理承受能力。

总之，多元化的教学评价是实施项目教学法必然要求，它改变了传统的单一的评价方式，将教学评价渗透到项目教学的每一个环节，使教学与评价真正融为一体，做到在评价中学习、在学习中评价，充分调动学生参与学习过程的积极性，促进教与学的协调发展。

（二）对教师的评价

常言道，没有最好，只有更好。再好的项目教学活动都有美中不足之处，只有不断提高教学质量，项目教学才能真正获得有效发展。因此，要不断深入开展项目教学活动，就要积极创造有利于教师发展的土壤，展开对教师组织教学过程的评价。对教师的项目教学评价可以从以下两个方面进行：

第一，学生评价。学生在项目完成后是否能取得专业能力的提升，是直接受教师的组织教学活动所影响的，所以学生是对教师的教学质量进行评价的一个重要成员。可以引导学生从教师的项目教学情感、项目教学方式、项目问题解决能力，以及对教学过程的点评能力等方面分别做出评价。诚然，学生对教师的项目教学评价是教学改进的重要方法，但由于学生本身固有的年龄阅历、主观判断和专业水平等多方面的因素会影响学生的客观评价，教师应该科学分析并采纳其教学评价结果。

第二，教研组评价。为加强项目教学评价的科学性，有力地促进项目教学的深化开展，建立项目教学的专业评价队伍是有必要的，同一教研组的教师可以组成一支评价队伍，负责项目教学评价的管理。同一教研组成员具有相似的专业背景，因此有能力对项目教学中涉及的理论知识的知识含量、难度，实践技术含量、难度，项目任务设置的准确性以及项目教学中的教学方法等角度分别进行评价，以促进项目教学的推进。

第二章　画龙点睛：　主题式项目教学

　　主题式项目教学，是指在建构主义学习理论和多元智能理论的指导下，教师引导学生围绕某一个与真实学习生活密切相关的项目主题，充分发掘和利用各种与主题相关的资料，并遵循科学的步骤对资料进行分析、整理、综合的项目探究性教学活动。其目的是让学生在自我实现、自我完善、自我超越的过程中提高对项目问题探究、解决和创新的能力，从而实现学生的全面发展。具体而言，主题式项目教学关注学生的个体差异和主体性，它立足于学生的自身状况和知识水平为学生进行量身设计，促进学生的个性化发展；在教学过程中主题式项目教学注重培养学生对项目任务的自主探讨和学习的能力，充分发挥学生的主观能动性，使得项目教学真正做到以学生为中心，体现学生的主体性。

　　主题式项目教学是一种新型个性化的教学模式，打破了传统教学"以教师为中心"的教育理念，强调学生唱"主角"，教师演"配角"的角色定位，是很个性化的教学模式。

第一节　主题式项目教学的操作方案

一、　主题式项目教学主要类型

主题式项目教学注重项目学习内容之间的整合，主张围绕相对集中、独立的项目主题进行知识统整性的教学活动，实现项目内容的整体化和综合化，强化学生对项目内容的理解。因此，根据主题式项目教学中各项目内容之间的综合程度，我们可以把主题式项目教学分为三种基本类型：单学科的主题式项目教学，多学科的主题式项目教学和超学科的主题式项目教学。

（一）单学科的主题式项目教学

单学科的主题式项目教学，是指围绕某一学科内特定知识为项目主体进行的主题性教学活动，围绕项目主题所组织的不仅有学科的既定内容，还有和主题密切相关的拓展内容。

单学科的主题式项目教学在具体实践中表现为两种类型：一是单元式主题项目教学，即以单学科内的教学单元为依托，在整合教科书单元项目内容、教学活动项目内容与可链接的课外课程资源的基础上，全盘考虑单元的整体备课、教学。单元主题式项目教学基本上是按照教材系统本身所固有的学科体系结构来确定项目教学主题并进行设计与教学的。二是学科式主题项目教学，这就要求教师本着整体观的教学思想，在统整整本教材知识点的基础上，根据学生的实际情况，建构出符合学生最近发展区需求的新的教材结构，进而确定项目教学主题并进行项目设计与教学。不过，在当前教学实践中，单元式主题项目教学的教学方式运用得比较多。

（二）多学科的主题式项目教学

多学科的主题式项目教学，是指以某个涉及多学科领域的项目主题作为中轴对两个或两个以上学科课程内容展开联结性、主题性的教学活动。[①] 这种主题式项目教学模式的项目主题涉及不同学科的知识内容、问题和活动，它打破了学科知识之间的界限，需要学生综合应用多学科的项目知识。

正所谓一个好的教学方法不但能让学生深刻理解知识，应用知识，还可以让学生迸出思想的火花，多学科主题式项目教学就是这样的一种教学方式。在课堂教学实践中，它要求根据不同的学科特点，深入分析各学科的具体内容，以寻找一个共同主题来开展项目教学活动，为学生创造更广阔的思维空间。比如，学习"地球和地球仪"这一节，可以从语言方面探究对地球母亲的爱、学习如何描绘我们伟大祖国各种美好的景观；从数学方面探究经线和纬线的读法以及计算方法；从科学方面探究地球上生物的演变等。通过这样的项目教学模式，可以极大地提高学生对于项目学习的兴趣，为学生创造更广阔的思考空间，使学生能从多方面、多角度、多层面地思考和解决问题，进而提高学生学习的融会贯通能力。

(三) 超学科的主题式项目教学

超学科的主题式项目教学，是一种具有很高的学科统整性和融合性的教学方式，其项目主题涵盖各学科领域的知识，它打破了学科界限，对课程进行了全面整合，是属于综合实践活动的范围。这种教学模式的项目主题的确定几乎不考虑课程领域，表面上看似乎与所学内容和课程无关，但实际它是将分散的学科知识整合到一个项目方案中的一种教学方式。

这种教学方式将实际生活中的真实问题带到教学中，使学生在真实情景中学习，学生在解决真实问题时没有一定之规与固定答案，从而激发学生的创造性思维，提高学生解决实际项目问题的能力。确定超学科项目教学的主题，使学科内容与学生生活、当代社会生活结合，学生不再是学习一堆互不

---

① 李祖祥. 主题教学：内涵、策略与实践反思 [J]. 中国教育学刊，2012，(9)：52—56.

关联的零碎知识，而是围绕特定项目任务，学习多个项目相关学科领域的知识，并利用它们解决问题、完成项目任务，培养解决社会问题的能力。在超学科的主题式项目教学中，项目主题真正成为教学活动的中心内容，同时成为项目教学活动的核心目标，有利于培养学生的自主探究的能力。

二、 主题式项目教学操作原则

主题式项目教学既符合新课改的先进理念，又符合探究性课程的设计要求，是一种个性化的教学模式。那么，主题式项目教学操作有哪些注意事项？如何才能做好主题式项目教学呢？这要遵循一些基本原则。

（一）学生主体性原则

主题式项目教学应该秉持"以生为本"的教学理念，教师要确立学生在活动中的主体地位，把课堂还给学生，注重培养学生自主学习的意识和能力，切忌包办代替。只有这样，学生的自信心、主动性、创新性才能得到更大程度的发挥，个性特长才能得到充分自由的发展。

在项目教学活动过程中，"以生为本"的教学理念主要体现在两个方面：一是在项目教学方案设计上，要从学生实际情况出发，根据学生的认知水平、思维发展水平、心理特点以及学生的兴趣点等进行项目教学设计，为学生量身定做项目教学方案；二是在教学过程中，教师要时刻关注学生，创设项目教学情境来激发学生的学习兴趣，充分发挥学生的主体性。

（二）主题中轴性原则

在主题式项目教学系教学设计的系统中，教学设计的重点在于项目教学系统的设计，在项目教学系统的诸多要素中，项目教学主题居于中心位置，项目教学目标、项目教学形式、项目教学方法、项目教学评价、教师行为与学生行为等均围绕项目教学主题展开，既定的项目教学主题内含着具体的项目教学目标，同时规定了要实现此项教学目标可能采用的项目教学形式、项目教学方法与项目教学评价手段，进而限定了在本项目教学主题内教师的教学行为与学生的学习行为，这就是主题式项目教学的主题中轴性的原则。①

（三）教学系统性原则

主题式项目教学很重视系统性。在项目教学设计时，教师围绕某一项目主题在学生大脑中构建与该主题知识相关联的框架结构和逻辑体系，不仅要从项目教学的广度与横向衔接上考虑，还要注意考虑项目内容的深度以及项目内容系统性与逻辑顺序等问题。

例如，以"时间"为主题的项目教学，教师需要设计出一个跨时 1 个月左右的有序的项目教学方案，以保证在一段连续时间内，项目教学内容都是与"时间"相关的，是有线索、成系统的。"时间"这一项目主题可以分出四个次主题："月份""日期""星期""钟点"。这四个次主题是相互关联的，前三者由浅入深，逐步推进、逐步补充而渐深。总之，主题式项目教学的系统化体现在项目教学的安排上：时间的集中和连贯，以及项目教学内容的相互呼应。②

（四）操作灵活性原则

主题式项目教学的操作灵活性原则主要体现在项目教学这个动态的过程中，具体表现在两个方面：一是处理教材要灵活变通，教材中同一项目主题的内容较为丰富，教学时不能做到面面俱到也不能简单重复，这就要求教师根据课程标准以及学生的实际水平，采用单元组合、比较归类等方法有针对

---

① 袁顶国，朱德全. 论主题式教学设计的内涵、外延与特征 [J]. 课程·教材·教法，2006，(12)：19－23.

② 林晓群. 美国公立小学中文课程主题式教学研究与设计——基于美国卡蒂诺小学 2010 学年度第一学期的教学实习 [D]. 广州：中山大学，2012.

性地进行项目教学；二是项目教学设计要生动新颖，有新奇感才能引起学生学习的兴趣，激活学生的思维，只要抓住项目教学的切入点，即可根据教材和实际情况，找到每个项目主题最佳的思维突破点，以此带动整个主题式项目教学；三是项目教学要随机应变，计划赶不上变化，精心准备好的教案在实际操作中仍然需要随机应变。在主题式项目教学过程中更要注重"应变"。

三、 主题式项目教学方法介绍

众所周知，在传统的接受教学中，由于需要考虑教学目标和教学计划的整体性，教师不可能照顾到每个学生的个体差异，导致学生在一个项目知识点尚未学会的情况下被迫进入下一个项目知识点的学习中，如此往复，恶性循环，导致项目知识体系残缺，学生学习积极性减退。而主题式项目教学的优越性就体现在根据学生的学习起点进行选择，确定项目教学的主题，从学生最薄弱的环节入手，激发学生对学习的兴趣，找到适合自己的学习方法，重塑信心。

（一）主题导入，整体感悟知识的结构化框架

古人有云，学贵有疑。在导入项目主题时，可以尝试探索以问题引发，导入主题。在主题式项目教学的过程中，根据项目的总体目标，教师以完成一个具体任务为线索，把教学内容巧妙地隐含在每个教学任务之中，以质疑为主题导入方式，让学生在初步了解项目主题后自己提出问题，并在教师的点拨引导下自己解决问题。主题式项目教学是通过教师将教学内容任务化，并在营造的模拟情境中提出任务，驱动学生围绕项目主题开展探究学习，寻找、搜索相关知识，逐步完成项目任务。

例如，在单元式主题项目教学中，沪教版五年级语文上册第四单元是一组科普和神话类的文章：《奇异的琥珀》用生动的语言揭开了琥珀形成的神秘面纱；《蛇与庄稼》阐释了世间各种事物之间的联系；《陨石》描述了陨石的

样子及其陨落的过程，《天上偷来的火种》塑造了普罗米修斯的英雄形象，《嫦娥奔月》讲了一段关于嫦娥和后羿的古老而美丽的神话故事。这个单元的学习内容学生不太熟悉，特别是前三篇科普类文章，学生可能很感兴趣但同时会有很多疑问。[①]

所以，教师在导入该单元教学主题时，可以先展示课文题目和主要内容，导入单元教学主题，然后提出问题。学生的问题一个个显现出来，教师就可以顺势引出导语，顺水推舟提出本单元项目学习的任务，引导学生在单元整体感知中感受单元主题式项目学习的内容，引发思考，激起学生的探究欲望。

（二）合作探究，以发挥学生的主体作用为主

"单丝不成线，独木不成林。"同样的，项目教学的实施，不可能仅靠教师或者个别的学生就能完成任务，需要教师引导和组织学生通过相互合作共同完成学习任务。

在进行主题式项目教学的过程中，首先要让学生明确项目任务，这样既可以避免合作探究的盲目性，也可以充分体现合作探究的实效性。教师既要给学生留有足够的独立思考和自主探究的时间和空间，又要尽力为学生创造合作交流、探究学习的机会，充分发挥学生的主体作用，体会合作探究的乐趣。总而言之，就是要让学生在自主探究和合作探究的过程中去发现、研究、解决问题。同时建立自己的知识体系，学生由旁观者转变为积极的参与者，使课堂不再只是"讲堂"，而是"学堂"。

如对于课堂引入项目教学时可以用衔接导入和情境演示手法，比如运用一些英语课堂开课指令 "Class begins!" "How are you?" "Is everyone here?" "Who's absent today?" "Let's take up a new lesson." 等句子为切入点，让学生先思考如何串联运用这些课堂指令进行开课，小组讨论之后，再进行情景

---

① 张秀丽. 主题式单元教学方法初探 [J]. 现代教学，2011，（4）：57.

演练，即邀请一名同学充当教师，其他学生充当小学生，在模拟情境下练习指令。以导演的思路来构思主题课堂，设计活动。比如身体部位的词句的巩固活动练习，教师可让同学们在小组内构思和交流，利用团队分工合作的形式集思广益：查找理论依据、做教具、设计剧情、活动细则、写教案、推选讲课代表等目标明确的分工。学生在这些项目中感受到的是不同于传统的先理论后实践的教学过程，而是在工作情境中模拟练习，处于仿真场景之中，激发兴趣也增强了效果。①

　　教师跳出了以往的知识单纯"讲授"局面，让学生在"做中学"，使学生在合作探究中发现并解决问题，充分发挥学生在主题式项目教学中的主体作用，让学生在完成项目任务的同时充分激发个体学习潜能，促使学生在互补促进中共同提高，培养学生合作的团队意识。

（三）拓展延伸，多措并举深化项目教学主题

　　现代学习理论十分重视学习的拓展延伸问题，教学要注重课程资源的开发与整合，注重向课堂注入课外的学习资源，培养学生举一反三、综合运用所学知识解决类似问题的能力。主题式项目教学就是这样一种教学模式，它并不只是围绕一个单元、一本教材展开教学，而是要求学生在学透教材的基础上进行拓展延伸，做到融会贯通。

　　教师要围绕项目主题，统整教材中相关的知识点，然后将"润物细无声"的拓展延伸融入到项目教学的各个环节中。这样既可以深化教学主题，又能发展学生思维。拓展延伸可以根据项目教学任务的实际情况，把握好实施拓展延伸的时机，可以采用课前拓展，激发学生对项目学习的兴趣并为接下来的课程开展埋下伏笔；课中拓展，帮助学生自主学习，释疑解惑；课后拓展，调动学生的生活体验，将学习的触角延伸到课外，恰到好处的拓展延伸能使

---

① 李莉华. 项目驱动教学在《小学英语教学法》的应用研究 [J]. 现代企业教育，2014，(14)：470-471.

学习更加开放。

当然，拓展延伸要立足在项目教学的主题的基础上，任何离开主题的拓展延伸都是不着边际的。例如，一位教师在开展以"家乡的春天"为主题的项目教学活动中，进行了一系列的拓展延伸。拓展延伸有与"春"有关的朱自清、巴金，古诗、散文、小说，还有电视电影、流行歌曲，甚至最后还来了段春天里的民间风俗。这实际是拓展延伸过度，远离了主题，有损教学效率。

另外，教师应注意照顾学生的个性差异，多设计一些不同层次的训练项目，以供学生在完成项目任务时自由选择，各取所需。立足项目教学的主题，考虑教学实际，否则，再"漂亮"的拓展延伸，也不过是一种显摆或作秀。

(四) 注重评价，有效促进学生的全面发展

主题式项目教学是一个较为复杂的师生互动过程，其教学评价也是一门不断发展的艺术。以学生为中心的主题式项目教学与以教师为中心的传统教学的区别，决定了在实施主题式项目教学过程中更要注重对教学过程和教学效果进行评价。在主题式项目教学中主要采用两种评价方式：教师指导性评价和学生自主性评价。

教师指导性评价包括正确性评价、激励性评价、延时性评价、多元化评价以及无声语言评价等。教师的指导性评价应该围绕项目实施的过程，多用鼓励性语言来描述评价结果，委婉指出学生的不足，激励学生积极主动地参与主题式项目学习。

此外，教师评价时应尊重学生的个性差异，针对不同学生的不同见解进行有效评价。这样不仅能激活学生思维、拓展深度，还可以让学生获得实实在在的成就感，增强学习的内驱力。

学生自主评价有自评、他评和小组间互评三种。学生自评较多地用于项目成果展示阶段，一般是学生总结自己在项目实施过程中的优点和不足；他

人评价则是小组以外的其他个体对学生在项目实施过程中的表现和实施成果的评价，这在激发学生思考的同时，也考验学生的心理承受能力；小组间互评体现了学生的项目协作精神，有利于促进小组成员互补共进。

事实上，评价的目的不是为了选拔"优秀者"，而是为了促进学生和教师的发展，让师生在评价中共同演绎课堂的精彩。

第二节　主题式项目教学的实施策略

在传统的教学中，我们大多采用单向式的教学方法，教师负责的是"传""授""解"，单方面的信息传递、灌输知识，而学生是处在"接""受""听"位置上，是被动的接受者，其教学效果显然不能满足现代人才培养的需要。现代教学理念强调教学以"学生"为主体，注重培养学生解决实际问题的能力，学会解决不同问题的方法。近年来，我国的教育培训中，已经开始注意采用注重能力培养的亲历式教学模式，而主题式项目教学就是具有亲历性质的教学模式之一。不少教师通过多种教学策略引导学生去感悟、体验、发现并探究知识，促使学生掌握相应的技能，获得更深入的学习。在主题式项目教学中，我们主要运用两种教学策略。

一、策略一：　自主学习，　主动探究

培养学生的自主学习能力，使学生从"学会"走向"会学"，让学生学会终身学习的方法，是当今教育的主题，是当前新课程改革的重要目标之一，也是实现主题式项目教学的必然要求。采用自主学习教学策略，让每个学生都动起来，去积极思考、探究、解决问题，发挥学生学习的主动性和创造性，以提高教学效率。在以学为中心的主题式项目教学中，自主学习是整个教学活动设计的核心内容。教师根据确定的学习主题在相关的实际情境中选定某

个典型的真实事件或真实问题，然后围绕该问题引导学生自主地展开进一步的项目学习，通过查询各种信息资料自行制订解决问题的行动计划，让学生自主探究完成学习任务。

用"主题"点亮学生的语文生活①

自然不乏色彩，生活不乏故事。河北保定师范附小十分注意把生活的精彩纳入学校教育，开展了一系列项目教学活动。如组织学生到植物园春游寻找春天、参观留法勤工俭学纪念馆和直隶总督署、参观长城汽车厂、走近"英利新能源"认识低碳保定，这一系列项目实践家教学活动，使孩子们了解了家乡的美景、历史、文化、经济，激发了他们对家乡的热爱之情。老师指导学生把活动中的所见所闻所思所感记录下来，并以《植物园游记》《做低碳小公民倡议书》《长城汽车采访录》《我爱家乡保定手抄报》等形式呈现出来，使学生不仅认识了生活，也学习了语文，还提升了综合素养。

另外，附小语文教师设计项目教学实践活动时也十分注意发掘教材资源，精心选择教材中与项目实践相契合的"整合点""切入点""延伸点"。如一年级的项目主题"我和春天有个约会"，设计了三个活动——"我和春天手拉手""我爱多彩的春天""我和春天交朋友"。其中"我爱多彩的春天"是单元文本的课堂教学活动的综合任务，通过课堂上学生对课文的读、品、思、拓等学习活动，感受春天之美，激发学生热爱春天的情感。在文本学习的基础上，整合与课文相关的资源，如春天的词语、儿歌、古诗、图片、视频等，开阔学生的视野，增加课堂识字量，感受鲜活、生动的春意。然后，延伸到看春天、种春天、玩春天，把享受春天和享受语文融为一体。

"自主"的学习方式带来精彩的学习效果。主题式项目教学充分调动了学生已有的生活经验和知识经验，激起了学生自主探究化学知识的欲望，无意识中构建起化学知识与生活经验的联系，唤醒了学生研究者和创造者的角色

① 杨振兴，高冬玲. 点亮学生生活 激活语文课堂 发展文化素养——记河北省保定师范附属小学"项目主题下的语文学习"教学研究与实践［J］. 语文建设，2011，(9)：78－80.

意识，充分发挥了学生的主体性。

（一）精引激趣，自主探究

"兴趣是最好的老师。"学生学习的真正动力就在于他们的兴趣，激发学生的学习兴趣就能够极大地调动学生学习的积极性和主动性。大量的事实表明，学习的兴趣，总是在一定的情境中产生，特定的项目教学情境，常常对学生具有强大的吸引力，容易激发学生学习的愿望。因此，项目教学每一个新的主题知识的传授，教师都应该精心准备，根据项目教学主题内容和学生的特点，为学生创设特定的项目教学情境，激发学生的好奇心和求知欲。如上述案例教师引导学生从生活中学习语文知识，从生活体验出发，容易使学生产生情感共鸣，很好地激发学生学习的兴趣。除此之外，我们还可以适当地利用图像、时事热点、故事激趣、歌曲渲染、畅谈生活经验或者提供电视素材等教学手段，激发学生围绕教学主题自主探究知识的兴趣，使学生由"要我学"变为"我要学"，进而积极主动地自主探究项目知识。

（二）尊重差异，自主探索

生活中我们找不到两片完全一样的叶子，同样，世界上每个人也都是独一无二的，在兴趣爱好、行动规律、认知水平、学习能力等方面都存在着一定的差异。这时候教师若统一采用"一刀切"的教学方法，忽略了学生之间的差异，就会抹杀学生个性，影响部分学生的健康发展。因此，教师在主题式项目教学过程中要做到因材施教，关注个体差异，引导不同类型的学生各自探究力所能及的项目，满足不同学生学习的需要，才能使学生的潜力有机会得到发挥，让学生自主探究，直到完成项目任务。

因此，教师要考虑学生差异，注意因材施教，对不同的学生提出不同的项目任务要求，尽可能调动每位学生围绕项目主题自主探究项目知识；在学习方式上，要尊重学生的差异，不同的思维习惯，有不一样的学习方法，学生在完成项目学习任务时有的习惯接受学习方式，而有的喜欢发现学习方式，教师应该针对项目教学的实际情况，引导学生进行个性化学习，使学生充分发挥自己优势，自主探究项目知识；在教学评价上，要承认学生差异，对学生的评价标准和方式应该因人而异，如对自主学习能力强的学生，可以着重肯定学生分析项目任务和灵活运用主题相关知识完成项目任务的能力；对自主学习能力稍微弱一点的学生，则要及时表扬其进步等，为学生创造一个开放宽松的环境，激发学生自主探究项目任务的兴趣。

二、 策略二： 任务驱动， 学以致用

建构主义理论认为，学习是一个积极主动的建构过程。在主题式项目教学中，采用"任务驱动"的教学策略，使学生在完成围绕主题设计的各级项目任务的同时，建构属于自己的知识体系以及获得可以娴熟运用的操作技能，有助于发挥学生的主动性和创造性。任务驱动式的教学策略是通过教师将项目教学内容任务化，围绕主题把教学内容巧妙地隐含在各级任务中，驱动学生开展项目学习、探究活动，寻找、搜索与主题相关的知识，完成主题式项目教学任务。

"奏响蓝色畅想曲——保护水资源"[①]

教师在以"奏响蓝色畅想曲——保护水资源"为主题的语文项目教学实践活动中，采用了任务驱动的教学方法，将每个学习模块细化为易掌握的学习"任务"。学生通过这些小的"任务"完成项目教学任务。

首先，把活动准备过程分别细化为"学生上网调查""调查走访""调研报告的内涵""为演讲比赛做前期资料收集工作""学生掌握演讲稿的写作要求"等五个具体任务。以新奇"任务"为线索，学生在"任务"的驱动下，主动掌握调研报告知识与写作演讲稿的技能，为实现总任务做准备。

---

① 赵山城. 任务驱动法在语文教学中的应用 [J]. 职业，2013，(5)：150. （文章略有改动）

其次，在"分组活动"环节中，师生共同设计了"让学生选出优秀演讲作品，每组推荐一人参赛"的子任务，把学习模块细化为易掌握的"调查板块、写作板块、演讲板块"任务，供学生自由选择并参与到某一板块任务中。任务由学生以自主协作形式共同完成，以培养学生合作意识、创新能力。

教师以"引"代"教"，让学生自主完成任务，激发了学生的求知欲，使学生主动参与教学活动、积极探索演讲知识。在体验"新奇"的任务过程中培养了学生自主学习和主动探寻问题的能力。

（一）多层考察，巧置任务

针对项目学习内容，教师要多方考量，围绕项目主题设置各级驱动任务。各驱动任务要符合学生的特点，具有趣味性、启发性和挑战性，可以引导学生最大限度地参与项目教学活动。此外，任务之间要存在一定的逻辑关系，上一个任务的完成可以承接下一个任务的开展，使教学呈现出一个螺旋上升的过程，深化挖掘项目主题的知识，让学生建构起自己的知识体系。正如上述案例的任务设置，通过完成各级任务使学生从了解、掌握到运用演讲技能逐步提高，环环相扣，推进项目教学的深入和学生知识的深化。

（二）多方思谋，解决任务

在任务解决过程中，学生要充分利用各方面的学习资源，综合运用自己的知识经验，发挥创造性，合理分析当前任务，形成自己解决任务的实施方案和知识系统。任何可以解决任务的方法都是可以尝试的，多方思量，寻找解决任务的最佳方法。解决任务一般可以采用以下几种方法展开：

其一，相互交流探讨任务，主要是通过师生交流、小组讨论来完成对任务的分析与探讨；其二，查找资料解决任务，培养信息查找搜集的能力。学生在进行任务探讨时，可以通过网络等资源查找资料验证自己的观点和学习资料反馈等；其三，主动实践解决任务。实践是检验真理的唯一标准。对于一些操作性较强的学科任务，鼓励学生在实践中探究了解任务，进而找到解决任务的方法。

多方思谋就是使学生养成善于思考，自主分析解决问题的习惯，逐步攻克小任务，完成项目教学的总任务。

三、 多元评价，反思任务

评价是主题式项目教学活动中不可或缺的环节。公正的评价一方面可以了解学情，激励学生；另一方面可以加强师生交流，对任务进行有效的评析。项目评价的方式要多样化，鼓励采用同学互评、学生自评和教师评价多种评价方式相结合，客观全面地对教学活动进行评价，加深学生对项目知识的理解，有利于培养学生分析问题、解决问题的能力。同时促使学生在多元的评价中反思自我，反思任务，进而总结经验，吸取教训，不断进步。

第三节　主题式项目教学的经典课例

主题式项目教学是一种现代的教学模式，强调"学生中心，从做中学"的教学主张；主题式项目教学是一种新型的教学方式，注重学习内容间的整合和学生综合素养的提升；主题式项目教学是一种新式的教学手段，重视学生自主学习能力的培养。

一、 经典课例

桥[1]

步骤一：选定项目

教学活动开展之前，教师先向学生介绍项目教学活动的概念、特征、操

---

[1]　杜悦. 主题式项目学习：跨越学科的统整［N］. 中国教育报，2014－05－28.

作方法、流程和意义。然后教师根据教学课程目标要求和学生的知识水平学习特点提出若干个项目主题，由学生自由讨论选择，最终确定以"桥"这一主题作为本次主题式项目教学活动的主题。这一主题也贴近学生生活，能充分激发学生的探究热情。

步骤二：制订计划

"桥"主题式项目教学计划安排约 8 个课时。第 1 个课时：引导学生收集相关资料，并寻找、发现、了解身边的"桥"以积累素材；第 2～6 课时：分别在语、数、英、体、美等课堂上开展为期一课时的、以"桥"为主题的课程统整性教学活动，在语文课上写桥、在数学课上量桥、在英语课上说桥、在体育课上搭桥、在美术课上画桥等等，创设数桥结合、桥的故事会等教学情境，吸引学生多角度探究有关桥的知识，引导学生感受桥的魅力，培养学生学习桥的兴趣；第 7 课时：引导学生合作探究，共制纸桥。小组成员要合作搜集资料，选取硬纸板、塑料管等身边常见材料，自行设计并讨论比较选出最佳的建桥方案，最终小组合作建造出桥梁；第 8 课时：成果展示，资源共享，交流评价，共同提高。

步骤三：实施要求

在项目实施期间，教师要对学生可能会出现的问题作及时的指导，要了解学生的活动情况，及时组织学生交流经验，共同商讨对策，及时扫除探究活动的障碍。

本次项目教学活动的整体性和综合性主要是从以下两方面体现：一是打破了学科壁垒，统整了学科和学校等多面教育教学资源，从不同角度为学生的成长服务；二是在"桥"这一主题下，课程实施形式既有说的、读的，也有写的、算的，还有做的、画的。更有基于心灵层面的"心灵之桥"，让学生从艺术的角度、文学的角度、科学的角度架起一座心中的桥梁，通向自己的美好世界。从而提升学生综合素养。

步骤四：完成作品

在教学实践过程中，小组成员要勤于对该主题的学习进行思考与更进一步的探索，通过多种途径搜集与"桥"有关的资料，然后结合课堂教学上的思考对所搜集的资料作分析、整理，形成观点，小组成员相互合作，共同修改，最后写成关于"桥"的专题研习报告。

步骤五：成果交流

各小组轮流展示自己的成果，在小组内和小组间按照评价标准进行互评。然后要求根据评价意见修改成果，并将成果发布到网络上。这是一个让学生在课堂上互相交流经验和感受的过程，不仅能使学生充分认识自己活动的价值，感受自主、合作、探究的乐趣，而且能激发他们的学习热情。

步骤六：项目评价

项目评价包括了学生的自评、组内互评和教师对学生参与活动的态度评价、知识和技能掌握的情况评价以及作品评价。

二、 实施方案

基于"桥"的主题式项目教学围绕"桥"这一教学主题，通过书店、图书馆、网络等途径搜索、分析、整理、综合相关的资料，获得桥的基本知识，开阔学生视野，培养学生热爱桥的情感。学生通过多角度探究，培养了探究精神和合作意识。

(一) 妙抓主题，画龙点睛

项目紧紧围绕"桥"这一主题开展，生动地体现了主题式项目教学的主题中轴性原则，所有的教学活动都是围绕该主题这一中轴展开。本次项目教学活动以"桥"为主题中轴，统整课程，充分发挥各学科特色，合理调配多方面资源，实现了教学策略、教学方法和教学内容等最大化的组合，从而促成整体性教学活动的顺利开展。

以"桥"为主题的项目教学涉及了不同学科的知识内容、问题和活动，它打破了学科知识之间的界限，通过"桥"这一主题将语、数、英、体、美等多学科的知识进行有机整合，将枯燥的教学知识融入到生动的教学实践中，需要学生综合应用多学科知识，围绕"桥"展开多形式、多层次、多角度的探究，不断深化主题，使教学达到了画龙点睛的效果。

（二）巧设情境，激活课堂

子曰："知之者不如好之者，好之者不如乐之者。"在主题式项目教学实施过程中，教师善于根据教学目标、内容和学生特点，创设吸引学生广泛参与且生动有趣的情境，让学生"身临其境"，激发其学习的兴趣。学生一旦对所学的知识产生兴趣，就会积极思考、主动探究，有利于开导启发学生思维，充分发挥学生的主观能动性，学习"桥"的知识。

主题式项目教学的主要任务是通过为学生创设活动情境，让学生在真实的、生动的、有趣的生活情境中围绕精心设计的项目主题进行开放性探究，最终整体构建起学生的知识体系。上述案例就是结合学生的学习兴趣和项目教学目标精心设置了"桥的故事会""数桥结合"等多个生动、活泼、有趣、愉快的教学情境，激发学生的求知欲，促使学生积极参与到项目中去，获得了关于"桥"的系统认识。

（三）以生为本，还学于生

教师开展主题式项目教学，遵循了学生主体性原则。从体育课上的搭人桥、美术课上画桥、英语课上说桥到科学课上造桥，无不注重培养学生的自主学习能力。教师不再是教学活动的中心，真正做到了将课堂还给学生。

与传统的教学方法相比，主题式项目教学的方法是开放性的，互动式的，注重学生的自主学习和综合运用知识能力的培养。在特定项目教学环境下，很多学生为了更好地完成自己的项目任务，积极主动地上网查找资料，甚至向相关专家请教，由传统的"要我学"变为现在的"我要学"。只有以学生为本，充分激发学生的潜能，才能让学生在主题式项目教学活动中形成属于自己的知识体系，获得综合性发展。

第四节　主题式项目教学易出现的问题及解决方法

随着新课程改革理念的推广与深化，主题式项目教学作为一种新型教学模式得到了业界"热捧"。不同于传统教学的"填鸭式"和"灌输式"的教学方式，主题式项目教学是通过引导学生围绕某一主题，完成一个完整的"项目"任务来开展教学活动的，真正实践了美国教育家杜威主张的在"做中学"的教育理念，在教学活动中彰显了学生主体性的魅力。主题式项目教学在教学实践中取得了一定的成就，但也发现了一些需要进一步改进之处。

一、　主题定位不符学情

主题式项目教学是以主题为中心，以项目活动为载体的开放性教学方式。教学"主题"在项目教学中具有特殊的地位，项目教学是围绕主题来开展教学活动的。因此，主题的准确定位对实现项目教学的有效性有重要的意义。但在教学实践中，主题定位不合理的现象屡见不鲜，或者"过高"，或者"过低"，或者"过多"。主题定位"过高"，超过了学生的认知水平，学生没有相应的知识储备，影响教学效果；主题定位"过低"，低估了学生的认识能力，教学内容对学生没有新鲜感和挑战性，学生学习就没有成就感；主题定位"过多"，教学重点就会偏多，鱼和熊掌都想兼得反而两个可能都得不到，主题过多将会影响教学进度导致教学效率低下。这样教学会逐渐消磨学生学习的积极性，也就无法达成教学目标。主题式项目教学中该如何给主题准确定位？

（一）主题定位要明确"主题"概念

主题式项目教学易出现主题定位不合理的问题，其中一个重要原因是师生对"主题"概念不清，导致"主题"意识不强，从而影响主题式项目教学活动的教学效果。《现代汉语词典》指出，"主题"是指文学、艺术作品所表现的中心思想，是作品思想内容的核心。正如文章的中心思想一样，教学"主题"是教学的"思想灵魂"与统师，是教学目标的集中体现，是构思教学活动的基本依据和根本思想。合理的"教学主题"能够实现教学各知识点的统整，提高教学的思想内涵、增强教学的育人功能。教师根据"主题"重构教学内容，进行实效化的教学环节设计，使教学逻辑严密而紧凑；学生依据"主题"实现思想交流，思考学习有了明确的突破方向和延伸空间。

例如在《发现·传递——探寻 2500 年前的孔子及其身后的百家争鸣》的项目学习中，教师设计了以"有度地认识经典思想"为主题的项目研究学习活动，围绕这个教学灵魂，选择了读（朗读诸子名言）、思（结合历史和现实，社会与个人的思考）、说（积极表达，与他人交流共享）三步走的项目活动，引导学生深入学习，达到了师生双赢的效果。

（二）主题定位要符合点学生特点

在主题式项目教学中，教学"主题"并不是由教师单方面设置的特定知识体系的载体，而是教师与学生双方面在共同探究与发现中形成的。学生是教学活动的主体，根据学生的实际情况设计教学"主题"，是教学活动的基本着眼点。

教学主题要符合学生的特点，主要要考虑四个方面：第一，教学主题的要求符合学生的认知能力和最近发展区知识水平，能够引导学生积极参与项目教学活动，充分挖掘学生潜力，实现教学内容向学生认知的转化；第二，教学主题要能刺激学生学习的兴趣，能激发学生围绕主题探索知识的强烈欲望，调动学习主动性，实现"要我学"向"我要学"转变；第三，教学主题必须具有一定的可探究性和启发性，主题内容不能过于浅显，结果得来无需费吹灰之力，这样主题就没有探究价值了。主题要包含着一定的思想内涵，具备可探究的空间；第四，教学主题要贴近生活，与学生生活实际和思想实际相结合，不但要考虑当下的，还要考虑是否是学生所关心的、对学生的心灵成长、精神健全会产生影响的。从学生实际出发，充分考虑学生的特点，把好主题定位的关卡，切实开展好主题式项目教学活动。

另外，教学主题的确定要参考课程标准，结合学校教学目标，进行合理的调整与补充。

二、 主题教学流于形式

郭沫若先生指出，"教育的目的是养成自己学习、自己研究，用自己的头脑来想，用自己的眼睛来看，用自己的手来做的这种精神"。教育应该怎样实施才能完成这一使命，从而实现"教"与"学"的统一，这便是对教育工作者的一个拷问。在主题式项目教学中，一些教师为了完成所谓的项目教学主题设计和项目组织任务，常常出现为了主题而主题的现象。用拼盘式的方法创造拼盘式的教学活动的现象普遍存在。拼盘式的教学活动往往会导致学生获得比较肤浅的、杂乱的知识，影响学生知识和能力的提高，[①] 使主题式项目教学活动在实践开展中流于形式，似乎运用主题式项目教学仅仅成了针对教学活动的表演秀，失去了原有的价值和意义。如何避免出现上述现象？

（一）主题式项目教学要注重设计的系统性

开展主题式项目教学是一个较为复杂的过程，如果不注重知识的内在逻辑及彼此之间的关联，活动项目的科学设计安排，对学生来说将是"过眼云烟"，学生很难从中吸收到有效的知识，达到预期的教学效果。因此，开展主题式项目教学，要遵循系统性原则，在项目课程设计时，教师不仅要从项目教学的广度与横向衔接上考虑，还要注意考虑项目内容的深度、项目内容的

---

① 李定仁，徐继存. 课程论研究二十年 [M]. 北京：人民教育出版社，2002：66.

系统性与逻辑顺序以及学生的认知特点和操作技能水平等问题。

每个项目教学活动在主题设计、内容选择与活动实施过程中都要达到有计划、有组织、系统化的开展。在项目教学内容的选择与安排方面，需要从教学活动的综合度和关联性入手。可以是一个领域内的相关知识的关联，也可以是跨领域的综合，但要求知识之间的联系和结构都比较严密。在主题式项目教学活动中，应将主题相关的知识视为资源，处理好学科知识之间的灵活的联系，再配合项目活动情境、相关的自主探究活动以及学生的学习需求来开展系统的教学活动。

（二）主题式项目教学要加强教师的指导性

在主题式项目教学实践中，教师尽管不再是教学活动的主角，但教师在教学实践中的作用仍不容忽视。主题式项目教学能否很好地开展，关键还在于教师的指导性是否得到了充分的发挥。实际上，主题式项目教学对教师的素质也提出了很高的要求。在教学实施中，教师不仅要求能讲、会做，还要适时指导、准确判断、科学评价，更能随时做好准备解决整个教学过程中不可预知的问题。从确定项目内容、任务要求、实施计划、评价方法到设想在教学活动过程中可能会发生的情况、项目的难易程度的把握以及学生对项目的承受能力估计等，都离不开教师的指导。不过，就当前的主题式项目教学实践来看，教学活动中教师的指导力度还有待进一步加强。

主题式项目教学作为一种新型的教学模式，对教师来说是一种全新的挑战，教师要转变传统的教育观念，由重"教"向重"学"，重"结果"向重"过程"，重"传授"向重"指导"转变。同时要不断提高专业素质，不仅要能组织和管理好常规教学，具有扎实的学科知识和信息加工能力，还要具备项目规划、项目管理和项目评价等方面的知识和能力。

第三章　眼见为实：验证式项目教学

验证式项目教学对广大教师和学生来说并不陌生，很多人甚至能耳熟能详地说出其环节，这主要是因为在我国教育课程尤其是理科类课程中有不少属于验证式项目教学的。在新课改倡导探究性学习的今天，验证式项目教学因多样性、假设性和探索性，更有利于学生主体作用的发挥和创新精神的培养，获得了更多教师的青睐。

验证式项目教学顺应新课改的潮流，把注重实践性的项目教学与注重创新性的验证教学有机结合，强调学生的主体性和主动性，较好地培养学生积极进取的探索精神和实事求是的科学态度。本章将从验证式项目教学的操作方案、实施策略、经典案例和项目教学过程中易出现的问题及解决方法等四个方面对验证式项目教学逐一探讨。

第一节　验证式项目教学的操作方案

一、　验证式项目教学主要类型

验证式项目教学是指对研究对象有一定的了解，并形成了一定的认识或提出了某种假说，为验证这种认识或假说的正确性而展开的一系列项目学习活动的过程。它注重探究的结果而不是过程，更主张在教学过程中，了解一个发现、如何把这个发现的结果应用到一个确定的问题上，比直接学习如何发现要重要得多。根据验证式项目教学方式的不同，验证式项目教学主要有两种：实验验证式项目教学和推理验证式项目教学。

（一）实验验证式项目教学

实验验证式项目教学是学生针对已知的实验结果，以验证实验结果、扎实基础、培养实验操作能力、掌握实验原理为目的开展的一系列项目实验教学活动。此教学方式是从理论到实践的过程，从学生的认知方式上看，它是属于先学习相关知识，然后以实验来验证知识，再由理论指导实践，如此反复探讨以加深对所学知识的理解，培养学生的验证分析能力。如此，学生能够较好地把握知识的本质和知识间的内在联系，同时有利于培养学生在旧知识的基础上去获得新知识的能力，还可以培养学生理论联系实验来学习的良好习惯。

其实，实验验证式项目教学作为一种重要的教学形式，虽然不同于实验探究式，但同样是具有探究性的，无论是在科学研究还是教学探究中都是不可或缺的，都是培养创新思维的一种有效方式。

（二）推理验证式项目教学

推理验证式项目教学，是相对于实验验证来说的，主要是在理论上进行推导的验证式项目教学。一般地，推理验证式项目教学较多地运用于数学等证明教学领域，是一种由此及彼、由已知到未知的教学方式，注重训练学生的逻辑思维能力和推理能力。

常用的推理验证式项目教学方法有三：一是演绎推理，是一种由一般到个别的推理验证方法。这是在数学验证式项目教学活动中经常用到的教学方法，它是以普遍性的事实或数据为前提，然后通过严密的推理验证得出结论的，是一种典型的必然性推理；二是归纳推理，与演绎推理相对的推理形式，是由个别到一般的推理。运用归纳性推理，对教学研究对象或问题从一定数量的个例、特例进行观察、分析，从而得出有关的原理、结论或方法；三是反证推理，在教学中，反证推理法作为一种验证教学方法极具重要性，是指从反面的角度，对问题进行思考的一种验证方法。换言之，就是对题设肯定，却对结论否定，在这个过程中通过对矛盾的处理来进行验证的教学方法。世界上一些著名的定理规律都是在推理验证式项目教学中得来的。

二、 验证式项目教学操作原则

验证是指检验所研究的发现是否可靠。美国探究学习专家萨其曼认为，新联系或新概念系统的建立，需要通过检验来确定它的可靠性。在现代化教学中，要在学生大脑中建立一种新的知识联系，可以通过验证式项目教学方式使学生对新知识理论进行验证式学习，从而建构起相应的知识框架。通过对传统教育观和现代教育观进行比较以及实践研究，我们认为新时期验证式项目教学应具备以下原则。

（一）目的性原则

一般来说，无目的的行为很难产生正面的教育作用。事实上，验证式项目教学是通过项目教学活动向学生揭示教学所探究问题的发生、发展过程，以引导学生在验证学习过程中发现规律、理解规律，从而掌握规律。在这个过程中，往往由于项目教学操作的目的性模糊而产生许多问题，例如教学验证主题的随心所欲、教师指导的苍白无力、验证问题的泛泛而谈、项目评价的蜻蜓点水等等。因此，验证式项目教学作为现代化教学的一个重要手段，强化其目的性原则，我们能够形成科学的验证式项目教学程序，可以有效提高教学水平。验证式项目教学的目的性原则，反映了教学永远具有教育性的规律。它要求项目教学活动紧紧围绕教学目的展开，一切教学措施都要服务和服从于教学目标的要求，从而为实现教学目的服务。

贯彻项目教学的目的性原则要做到以下几点：其一，强化目标意识。项目教学过程中应该要加强教学活动各个环节的目的性、自觉性，根据学生的具体情况，把验证教学目标内化为学生学习目标，具有明确的激发学生学习兴趣的目的，激励学生积极参与验证学习的教学活动。其二，综合规划教学任务。教育目的是一切教学活动的出发点，教育目的的实现则是教育活动的归宿，它贯穿于验证教学活动的全过程，所以要综合规划好验证式教学的任务。具体来说，在验证式项目教学过程中要注意把握主线，穿插辅线，围绕教学目标规划教学任务。

（二）实践性原则

学习是知与行相统一的过程，验证式项目教学与传统学科教学最大的不同点是，它不仅传授书本的知识，而且注重学生在验证体验和验证探究过程的学习，让学生自己动手实践，在实践中获得相应的能力，真正掌握学习的方法。如果说，其他课程主要让学生获得基础知识，那么，验证式项目教学强调让学生得到实践能力的训练。项目教学课程以活动为主要开展形式，强调学生的亲身经历，要求学生积极参与到各项活动中去，在"做""考察""实验""探究""体验""创作"等一系列的活动中体验和感受生活，发展实践能力和创新能力。①

贯彻实践性原则的基本要求是：其一，注重从理论与实际的联系上去理解知识。验证式项目教学是一种在教师的指导下，以学生为中心的教学模式。在这一模式中，教学要保证所学知识来源于社会实践，学生掌握的知识能够运用到实践中。其二，创造实践机会，让学生能够将课堂上习得的间接经验加以实践、验证，转化为直接经验，学生可以更好地掌握和运用知识。可以这么说，学生在课堂上所得到的往往是一大堆空洞的、死板的、泛泛而谈的概念、原理、定理等，这时候通过验证式项目教学让学生亲身验证、体验探究原理的过程，课堂教学将会更充满活力和趣味性。

（三）启发性原则

著名的古希腊的思想家、哲学家、教育家苏格拉底非常重视使用启发性原则进行教学，他善于以问答的方式来激发和引导学生去寻找正确的答案，这种方法也被称为"产婆术"。同样的，现代教学特别强调启发性原则在教学中的使用。在验证式项目教学过程中，教师是引导者，主要是启发诱导；学生是探索者，主要任务是通过自己的探索，发现新事物。启发性原则要求教师承认学生是学习的主体，教师的启发，目的在于引起学生的探究，引导学生独立思考，自觉地掌握科学知识，提高分析问题和解决问题的能力。

贯彻启发性原则的基本要求是：其一，创设情境，培养动机。在教学过程中要注意创设问题情境，揭示矛盾，设障立疑，将学生引入到与问题相关的情境中，激发学生好奇心，引发学生学习行为。其二，启导"思"，训练思维能力。验证式项目教学在引导学生进行验证学习时，要从创造性思维的"主动性、差异性、发散性、独创性"四点要求着手；其三，采用"开放式"教学形式，要不拘泥于教材，这是启发教学的重要条件。建立民主平等开放

---

① 沈幼其. 实施项目教学 深化教学改革 [J]. 浙江工商职业技术学院学报，2002，(4)：92－94.

的师生关系，让学生在民主的教学氛围中拓宽思路、施展才华，迸发出创造性思维的火花。

(四) 科学性原则

科学性原则是验证式项目教学重要的操作原则之一。科学性原则即要求教师教学与评价时必须实事求是、客观公正、正确精确。验证性教学的性质决定了验证式项目教学必须以科学的态度，实事求是的精神开展教学工作。验证式项目教学是用于验证理论观点并揭示客观规律的教学手段，因此，从项目实验活动的设计、操作到分析都必须坚持实事求是的科学态度，教师在演示项目实验的操作仪器、连接和装配仪器时动作要准确、标准、规范、科学。如在使用托盘天平时，必须用镊子而不能用手取用砝码等等。

贯彻科学性原则的基本要求是：其一，以符合科学要求的内容、方法、组织形式进行教学。即要求教学内容反映客观规律、教学方法和教学组织形式要遵循教育规律和学生认知规律；其二，客观公正、实事求是地进行教学评价。教学评价要避免两种情况——"无中生有"的评价和"名不副实"的评价，要真实地反映学生的学习成果和学习行为。此外，评价语言要注重精确性、有区分度。培养学生严谨求实、尊重科学的精神，进而促进验证式项目教学活动的开展。

三、 验证式项目教学方法介绍

教学有法，但无定法，贵在得法。学生由于长期受传统教育的影响，若突然把学习的主动权放给他们，刚开始时学生往往会像脱缰的野马，但过一段时间后他们又不敢跑或不会跑，所以必须进行科学的方法指导。验证式项目教学在选择教学方法时，要舍弃一节课只用一种教学方法的做法，应根据教学内容、教学目标，以及学生的年龄心理特点、知识基础、接受能力等因素，采用不同的方法，把多种教学方法有机结合，综合运用。

（一）导学验证式

导学验证式是指在着眼于学生"学"的前提下，教师引导学生积极、主动地探讨验证学习活动的过程。除了注重培养学生的创造性思维和发挥学生的创造性，此教学法还强化"导"与"学"功能，用启发式的教促进学生学习方式的改变。受新课程理念的影响，在验证式项目教学中，主张"变教为导"，变"师传身受"为"师导生学"，启发思维，诱发动机，指导验证，使学生学会学习，自主验证，做学习的主人。其基本过程为：创设情境——提出问题——设计验证方案——导学验证。

（二）讨论验证式

问题讨论式体现了教师为主导、学生为主体的教学理念。在验证式项目教学过程中，"问题讨论式"作为一种具有引导学生思维的教学方法，可以引导学生自觉、主动地讨论、质疑、辨析验证项目知识，以寻求最好的项目验证方法。此方法适用于推理验证式项目教学类型，以学生为主体展开头脑风暴完成验证项目任务，有助于培养学生分析问题、解决问题的能力。经过这一过程的验证学习，可以初步培养学生思维的深刻性、灵活性和敏捷性。其基本过程为：提出问题——组织讨论——确定验证方法——展开验证。

（三）主题验证式

现代教学理论基于学习活动和教学活动提出了替代性策略和生成性策略两种教学策略。替代性策略以认知理论为指导，把教师当作信息加工的控制点，这样学生的认知负荷就比较轻，花费的时间和精力也比较少，但信息加工力度就比较轻；生成性策略以建构理论为指导，把学生当作信息加工的控制点，学生花费的时间和精力就比较多，但信息加工力度深入。相应地，验证式项目教学有定向式和自由式两种。定向式是指在学生所进行的各种探究活动中，外界为其提供大量的指导和帮助。它可以是教材或教师提供具体的事例和操作程序，由学生自己收集资料寻找答案；也可以是先给出相关的概念原理，由学生自己发现它们与具体事例的联系。自由式是指学生自己独立完成整个探究过程，只获得很少的指导和帮助。学生针对验证前提出的问题和假设的答案，与最终探究结果验证，交流协作，最后全班讨论结果。其基本过程为：明确目标——搜索资料——解决问题。

第二节　验证式项目教学的实施策略

一、策略一：　验证教学兴趣化

我国著名教育家孔子说："知之者不如好知者，好之者不如乐知者。"人们也常说："兴趣是最好的老师。"而大量的教学实践也表明，浓厚的兴趣，能够最大限度地调动学生的积极性和主动性，使学生全身心投入学习中；浓厚的兴趣，能够使学生在学习中找到乐趣，减弱学生学习中的疲劳，进而提高学习效率；浓厚的兴趣，还可以使学生在学习遇到困难或挫折时不知难而退，保持学习动机，最终实现终身学习。因此，在一定意义上培养学生的学习兴趣比教给学生知识更为重要。而且，验证式项目学习是学生通过各种项目活动不断地实践、摸索，最终获得真理的过程，真理的获得是艰难的，它比其他学习方式耗费学生更多的时间和精力。因此，要想使验证教学获得学生的青睐，就必须实现验证教学兴趣化，在教学中注重培养学生对验证式学习的兴趣。

NaOH 的性质教学①

某教师在课堂上开展了验证式项目教学，其中一个子项目有这样一个问

---

① 丁玉娟. 验证性实验与探究性实验在中学化学教学中的应用——新教材教学案例体会 [J]. 内蒙古教育，2008，(22)：25－26.

题：向稀 NaOH 溶液中滴加酚酞溶液，溶液变为红色，再逐滴滴加新制的氯水，溶液红色逐渐变浅并褪去。对上述现象，甲同学认为是氯水表现出漂白性，由于漂白而使有色物质褪色。该同学的观点正确吗？请设计实验进行验证。

于是学生之间展开了理论讨论探究，师生共同探讨：如果乙同学的观点正确，那就是氯水中的次氯酸将有色物质漂白，而且是不可以恢复的，那么再加 NaOH 溶液就不能变红。所以在上述溶液中再加入 NaOH 溶液，如果溶液又变红色，则甲的观点正确，如果溶液不变红色，则该同学观点正确。

然后学生在教师的指导下进行验证式实验探究，结果在加入 NaOH 溶液后不能变红色。验证得出结论该同学的观点正确。接着教师又提出了一个新的问题：加 NaOH 后溶液是没有变红，但为什么又会有轻微的混浊？那混浊物是什么？学生的探究、疑问随着实验现象的出现又产生了！

该教师巧妙地运用问题设置悬念，引起学生的好奇心，激发学生开展验证实验探究的兴趣，层层递进，推进了项目教学活动。由此可见，兴趣在验证式教学过程起着积极的促进作用。

（一）巧设悬念，激发兴趣

"悬念"作为一种学习心理机制，是由学生对所解决问题未完成感和不满足感而产生的，[①] 是验证教学活动的一种形式。在验证式项目教学中巧妙设置悬念，可以充分显现项目验证的魅力和感染力，激发学生对验证式学习的兴趣。那么，教师在实施验证式项目教学时如何设置悬念呢？这就要求教师在验证式项目教学过程中要精"问"，好的提问可以激起学生思维的火花，吸引学生的注意力，激发学生学习的欲望和热情。教师在设置问题时要摒弃以往传统教学简单提问的方式，例如："同学们，你们知道这是什么吗？"等等。

---

① 王书平. 数学课堂教学中"悬念"的设置 [J]. 山西教育·教学，2011，(8)：9.

教师设问要尽量使用幽默、轻松的语言，比如网络语言、媒体广告、名言警句等，这些话语俏皮有趣，很能激发学生学习的热情，启发学生的思维。

此外，教师可以有意制造陷阱设置悬念。在实施验证式项目教学时，教师要收集或编制一些学生易犯而又意识不到的错误的验证方法和结论，使学生的思维在错与对之间产生冲突和悬念，进而引导学生找出错误的原因，克服思维定式。

（二）运用多媒体，增强兴趣

随着现代信息技术的不断发展，多媒体技术被广泛应用于各式各样的教学方法中，验证式项目教学也不例外。多媒体集图像、图形、文字、动画、声音等各种信息媒介为一体，具有很强的真实感和表现力，是很强的刺激物，它可以同时刺激学生的视觉和听觉，增强学生学习的兴趣，提高学生学习的效率。因此，运用多媒体技术是强化学生学习兴趣的一种强有力手段，值得推广和使用。

现代认知心理学表明，一幅形象的画面，一组动听的声音，一段动态的场景，往往可以诱发认知内驱力，使人对自己的认知对象产生强烈的热情。因此，在验证式项目教学中，教师可以利用多媒体技术虚拟生活场景，将一些抽象的验证理论和方法具体形象地表现出来，使学生在轻松的教学环境获得知识。同时，教师可以借助计算机虚拟技术设计各种仿真实验，为学生提供较好的实验操作环境。这样，学生操作实践机会就会越来越多，实践多了，就能够熟能生巧，再加上教师的辅导，学生就能够高效率完成教师布置的验证任务，增强学生学习的信心。

二、 策略二： 验证教学主体化

新世纪的课程改革，强调尊重学生的主体性，改变以往单一的接受式学习方式，倡导具有开发性、活动性的新型学习方式，同时培养学生自主学习的能力，这既是新课改的目标之一，也是构建终身学习社会的必然要求。因此，验证式项目教学在实施过程中，要见缝插针尽可能把验证任务的主动性交还给学生。只有让学生主动去参与验证活动，才能更好地掌握、理解验证项目知识。

可能性①

为加深学生对可能性的理解，教师尝试以实验验证式项目教学法展开教学，具体内容如下：

袋子中有3个红球和3个黄球。

师：每次摸一个球，然后放回摇一摇再摸，一共摸40次，大家猜一猜摸到哪种球的可能性大？

生：一样多。

师：为什么？

生1：因为红球和黄球的个数相等。

师：那结果到底是不是相等的呢，我们一起来做个实验验证一下。

各项目小组亲身实验后认真记录了摸球实验数据记录表，表格展示如下：

小组	合计	红球	黄球
第一小组	40	18	22
第二小组	40	22	18
第三小组	40	23	17
第四小组	40	16	24
第五小组	40	21	19
第六小组	40	21	19
第七小组	40	18	22

---

① 凌建青. 警惕"猜想—验证"教学的几个误区 [J]. 华夏教师，2015，(06)：53—54.（题目为作者所加）

第八小组	40	19	21
第九小组	40	22	18

师：通过刚才的摸球，你发现了什么？

生2：每一组摸到的红球和黄球各不相同。

生3：摸到1和19的组比较多。

生4：红球和黄球的次数差不多。

师：对啦，刚才我们同学猜想应该两种球摸到的可能性是一样多的，但为什么我们摸出的结果一组都没有一样多的。通过这次的实验，我们发现尽管两球的个数相同，但摸出的可能性只能说是差不多，而最好不要说成一样多喔。

教师摒弃了"照方抓药"式的教学方法，尝试采用验证式项目教学方式教学"可能性"知识。虽然已经告知结论，但整个验证设计要求学生自行决定，在验证实验中融入了探究性，将验证的主动权还给了学生，体现了现代化教学的学生主体性。

（一）亲身体验，感知验证活动

亲身参与是进行验证式项目教学的最佳方法。随着素质教育的深入人心，亲身体验作为一种学生主动学习的方式，深受学生的喜欢，有助于培养学生积极主动探索知识的习惯。在验证式项目教学中，学生是课堂的主体，更是验证活动的主体，因此，学生不应是被动的、消极的知识接受者，而应是主动的、积极的知识探究者。

验证式项目教学就要提供机会，把学生推到"验证第一线"，让学生在项目实践体验中感知验证，让学生自己去探究验证过程成为可能，教师可以在课前引导学生去关注验证知识，课上即开放教学内容，除了理论知识的体验，更增加实践操作让学生亲身体验验证过程。在这一过程中，学生可以拥有更丰富的直观感受，亲身实践验证印象也更加深刻，有利于学生对验证知识的原理、过程及结论产生很强的认同感，从而达到良好的教学效果，实现感性到理性认识的升华。

(二) 协作学习，挖掘验证潜能

新课程改革提倡自主、合作、探究等学习方式。协作学习改变了传统教学模式中师生之间单向或双向的交流方式，是建构主义教学理论所强调的，也是新课程理念所大力倡导的。孔子曰："三人行，必有我师。"小组协作学习有利于小组成员之间相互合作，相互交流，相互探讨验证活动，有利于思维火花的碰撞，能强化学生的主体意识，启发学生开发验证潜能，鼓励学生从多个角度去思考，发展发散性思维。

验证式项目教学实践中协作验证学习，就要科学组建合作小组，以组内异质、组间同质的原则进行分组，展开以小组集体的协作实验验证、协作验证活动、协作讨论验证等形式展开验证学习。在验证式项目教学中，教师要有目的、有计划、有方法地组织小组合作的形式，把验证项目任务直接布置给小组，明确小组的责任意识，充分激发学生的好奇心和集体荣誉感。而在小组合作伙伴的选择上，教师可以让学生自由选择，学生若能够与自己最亲密的伙伴互助互学互相监督，是一件非常幸福且愉快的事情。并且，组员之间可以彼此充分发表自己的观点同时听取、分析别人的想法，不知不觉中增进了彼此的了解和友谊，从中学到了人与人交往更多的技能，从而为学生在验证某些知识和问题的过程中开发学习潜能提供可能。

第三节　验证式项目教学的经典课例

新课改呼吁改变被动的学习方式，提倡学生在教学过程中的自主、合作与探究。作为一种响应，业界已从教学理念到教材设计等方面进行了深入的探索与实践，并且力求融合验证性学习与探究式学习，强化学生学习的主体性，重视学生的实践和创新能力的培养，并以此作为学生获得新知的重要方式和学习活动必不可少的环节。下面的验证式项目教学案例很好地说明了这个问题。

一、 经典课例

氢氧化铝的性质——实验验证式项目教学①

【项目背景】

中学化学新教材中涉及了氢氧化铝的性质的学习，通过对课堂知识传授，学生对其性质早已预见，所以为加强学生对该知识点的理解与掌握，若只是向学生演示"向一定量的氯化铝溶液中，逐滴加入氢氧化钠稀溶液直至过量"的操作，其作用只能是满足学生"眼见为实"的好奇心，学生并没有从中收获什么。而且，学生的思维刚被奇妙的现象感染，正准备展翅飞翔时，却使之突然停止，无形中早早扼杀了富有想象的思维。怎么解决这个问题呢？一教师采用了验证式项目教学模式来促优教学。

【项目任务】

基于氢氧化铝的性质设计验证式项目教学的任务是其整个项目学习很重要的一环。教师面对"胸有成竹"的学生，提出要学生进行一次各小组间项目验证比赛的活动：根据所学的氢氧化铝性质的知识，看谁能设计验证实验制取出"最多"、"最好"的氢氧化铝。教师在明确限定药品为氯化铝溶液、氢氧化钠溶液、氨水、碳酸氢钠溶液后，将思考的时间留给学生。

【项目实施】

同学们根据已有知识，小组成员间合作学习思考，设计出各小组项目验证实验方案。设计的验证方案各种各样：有的是向氯化铝溶液中逐滴加入氢氧化钠溶液，直至过量；有的小组认为向氯化铝溶液中逐滴加入氨水，直至

---

① 朱怀义. 挖掘验证性实验内涵　提升验证性实验功能 [J]. 中学化学教学参考，2008，(5)：12—13.

过量；有的提出向氢氧化钠溶液中逐滴加入氯化铝溶液，直至过量；也有个别阅读面宽的小组认为碳酸氢钠是强碱弱酸盐，其溶液呈碱性，故认为将碳酸氢钠溶液和氯化铝溶液相互混合，也应有沉淀产生等。

【完成作品】

在项目验证期间，各小组都可以进行实验验证，并记录好相关实验现象。

【成果交流】

"项目学习"注重综合性学习的探究过程和活动成果。在此，各小组学生通过小组成果相互交流展示，教师引导学生进行研讨、质疑、反思。思维的相互诱导、相互撞击、相互共享的过程进一步加快知识的内化和思维的发展。最后，教师诱导学生从制取氢氧化铝的途径、氢氧化铝的两性、引出"铝三角"、不用试剂的物质鉴别法等方面对学生的验证实践进行归纳总结，梳理升华认知。

【项目评价】

教师可以根据项目实验制订评价量规或等级给学生作品打分。教师应该根据教学需要提供多种评价方式，如诊断性评价、过程性评价、总结性评价，或同伴互评、教师评价等。

二、 实施方案

氢氧化铝的性质是一种典型的验证性实验。教师巧妙地将探究性融入到验证式项目教学过程中，要求学生根据已学的知识探究制取氢氧化铝的方法，从侧面验证氢氧化铝的性质，充分挖掘了实验的内涵，改变了验证式项目教学"照方抓药"的设计，很好地引起了学生验证学习的兴趣。

（一）验证导入，注重激发兴趣

心理学家研究表明，儿童的思维是从活动开始的，切断活动与思维的联系，思维就不能得到很好的发展。因为验证的结果已知，若再不重视验证本身的设计或验证的导入，引不起学生的学习热情和兴趣，学生就很难投入到验证项目学习过程中，体验不到学习的快乐。所以，验证式项目教学要注重诱发学生的兴趣，除了案例中的"声东击西"战术外，还可以通过置疑留白，巧设悬念，以及创设情境等，引导学生体验验证式项目学习的魅力，培养学生的创新能力。

（二）验证指导，重在授之以法

在全面实施素质教育的过程中，验证式项目教学是一门实践性而不是理论性的教学方式，在教学实践中必须重授之以法，尊重学生的主体地位，促使学生从"学会"向"会学"转变；而不是由教师越俎代庖验证获得结果。比如上述案例，教师在知识教学阶段注重讲解学习方法，而在验证实验操作过程中则进行指导，尽可能让学生自己通过实验来验证氢氧化铝的性质。验证式项目教学的指导，应着重对学生授之以渔。从发展角度来看，整个验证教学过程是从教到学的转化过程，也是把教师的教学能力、分析和解决问题的能力转化为学生的独立自主的学习能力，这样才能真正做到锻炼学生的思维能力和培养学生的实践能力。

（三）验证评价，强化创新意识

新课程要求对学生的评价不仅要关注学生的学习结果，更要关注学生在学习过程中的变化与发展。在上述案例中，教师改变了传统的"你答我评"的评价方式，采用了多种方式对验证式项目教学进行了较为全面的评价，形成了师生、生生、自我的纵向和横向的多元反馈评价网络，能够对学生的验证学习的过程进行较好的反馈。教师除了对学生的学习过程进行多元反馈外，还应注重在验证式项目教学中强化创新意识，善于抓住学生思维的"闪光点"，及时对学生在验证学习过程中碰撞出的逆向思维火花进行表扬和鼓励；鼓励发散思维，使学生体验到认真思考的成就感，增强学习的兴趣和信心。

第四节　验证式项目教学易出现的问题及解决方法

对于"教学"这一词，在传统教学中只是简单地理解为"教"与"学"，而在新课程标准下的"教学"具有更深层次含义，将"教学"理解为"以教导学""以教促学"。归根到底，"教"为了"学"。验证式项目教学逐步走进课堂，其先进的教学理念备受广大师生的追捧。但这种新教学方式在具体实施中，还是不可避免地易出现些许不尽如人意的问题。

一、认识不足，教师无为

由于目前大部分教师都没有相关的项目教学工作经验，且又长期受到传统教学模式的影响，教师对验证式项目教学课堂的掌控和管理能力不足，不能满足教学的需求，失去验证式项目教学的应有价值。部分教师没能很好地把握项目教学法的本质，教学理念也有待更新；很多学生养成了重视结果而忽视过程的习惯，探究积极性不高、创新性成果很少。如何改进验证式项目教学的问题？

（一）转变观念，并不是所有课程都适合采用验证式项目教学方式

随着新课改的不断深入，项目教学以其日益凸显的适应时代发展的教学理念备受广大教师的关注和重视，验证式项目教学也不例外。项目教学几乎覆盖了所有的课程，大有一统天下之势。事实上，与这些活动热闹程度不相称的是绝大多数课程并没有充分发挥项目教学的优势，仅仅是生搬硬套，项目教学成了针对教研活动的"表演秀"。

无论是多么好的教学方式，都有它的适用范围，如果让所有课程都向一种教学方式看齐，就会产生很多问题。从目前的教学实践来看，验证式项目教学法比较适宜实践性较强的，理论知识点相对集中，有助于展开验证教学

的课程，一是科学实验探索类的课程，如物理、生物、化学等；二是理论推导验证类的课程，如数学等；三是实践操作性较强的课程，如计算机应用操作类等。而有些人文性较强的课程，像语文、政治就要认真斟酌其适用性，如果生硬套用，反而不利于知识的传授与掌握。

总而言之，任何教学方式都有其适用范围，有其优势和劣势，如果一味地夸大某一种教学方式的作用和功能，都是有失偏颇，也是不切合实际的。在教学实践中，只有权衡各种教学方式，相互取长补短，相得益彰地综合运用，才能取得良好的教学效果。

（二）准确定位，注意验证式项目教学中教师角色的变换

建构主义认为，知识不是通过教师传授的，而是学习者在一定的情境即社会文化背景下，借助学习过程中其他人的帮助，利用必要的学习资料获得的。验证式项目教学法正是一种以实践为导向，教师为主导，学生为主体的教学方式，在实施过程中强调动手"做"以获取经验和知识。在新课程理念指导下实施的验证式项目教学，其实施者——教师，是教学成败至关重要的因素，其角色定位的准确性与教学的成效性成正相关。

验证式项目教学的过程通常分为三个阶段，在不同阶段教师扮演着不同的角色，以充分发挥教师的主导作用。第一，项目准备阶段，教师是"编剧"。在这一阶段中，教师的主要任务是确定项目任务和制订计划。教师要像编剧选择剧本题材那样，为学生开发、设计合适的教学项目；在学生形成具体的实施计划的过程中，教师要始终给予具体的指导；还要为学生提供创作"素材"，即引导学生寻求解决问题的方法。第二，项目实施阶段，教师是"导演"。组织与指导学生开展验证项目学习，指导验证的过程，而不要控制教学的内容；要当好助手，不断鼓励学生，培养学生独立完成验证项目、独立工作的能力。第三，项目评价阶段，教师是"评委"。要在学生自我评价的基础上，对验证式项目教学的整个过程和环节进行指导性的综合评价。对学

生进行评价，不能一味地追求最后的"成功"与"结果"，因为项目教学的过程本身就是一种成功的体现。[①]

不管在哪个阶段，不管是哪种角色，在验证式项目教学中，教师的职责在不断地被重新定义、延伸。但不管角色如何转换，教师在验证式项目教学中的主导地位是不会改变的。教师只有用心地去演绎每一个角色，才能将验证式项目教学落到实处。

二、 依葫芦画瓢， 照方抓药

验证式项目教学中易出现的另一问题，就是容易陷入"依葫芦画瓢"的尴尬状态，使得整个项目教学流于形式。这一问题的主要原因在于教学流程设计上，没有给学生留出自由发挥的空间。其实，验证式项目教学的某些流程设计可以尝试留白，由学生来设计；或是有些验证的步骤多设置几个选择，让学生自行择优操作；甚至，完全把整个验证学习活动交给学生小组自由讨论、设计完成，教师当"助手"即可。此外，不少学生认为所要验证的理论知识都是正确的，无须自己动脑，按部就班地完成验证需要的操作步骤就是"照方抓药"罢了。这些不尽如人意的问题就要求我们在教学实践中不断摸索，不断改进。

（一）在验证式项目教学中蕴涵探索性

学生的认识过程本质上就是一个不断探索的过程，验证的过程也可以充满探索。在教学实践中，教师不必急于告诉学生应该如何如何，要真正做到使学生成为验证学习的主体，让学生独立完成，遇到问题要求学生自己想办法解决。教师可在验证过程中增加一定未知性、不确定性及疑难性，适时抛出问题，引导学生在"头脑风暴"中碰撞出智慧的火花。进行验证式项目教

---

① 詹贵印. 解析教师在项目教学中的作用、面临的挑战及对策 [J]. 商情, 2010, (36)：53-54.

学，尽可能避免频频出现的"教师管得多、过程做得顺，学生想得少"的情况发生。当然，这又要看我们能否有效地把学生引入"问题情境"之中，进而引导和激励他们进行积极主动的探究了。

（二）在验证式项目教学中扩大开放度

正如爱因斯坦所说："结论几乎总是以完整的形式出现在读者的面前，读者是体会不到探究和发现的喜悦，感觉不到思想形成的生动过程的，也很难理解全面的情况。"而验证式项目教学正是还原这个过程，带领学生感受体验结论形成的过程。在验证式项目教学中，要努力将开放性思维贯穿始终，尽可能为学生营造可以自由驰骋的空间，鼓励学生发挥主观能动性，寻求多样化的方式展开验证学习。多一些信任，少一点担心；多一些求异，少一点趋同，充分发挥学生的潜能，激发学生的情感，实现认识的飞跃。

（三）在验证式项目教学中尝试证伪性

传统教学通常比较重结论而轻过程，于是就会有学生对验证过程中的一些细节、反常现象视而不见，依葫芦画瓢按照已知的结论完成验证项目学习。导致这种现象发生的一个主要原因是，一般验证教学验证的都是毋庸置疑的正确结论、定理或规律，以致绝大部分学生产生思维定势：结论总是对的，如果错了，那就是验证过程错了。为改变这一现状，在验证式项目教学过程中可以尝试证明，即给予学生多个观点，要创造条件让学生尝试证"伪"，从而使学生把对验证结果的重视转移到验证过程的学习中来，提高学生自主学习的积极性。

第四章　刨根问底：探究式项目教学

　　探究式项目教学，是指教师在项目教学活动过程中，引导学生自主、独立地发现问题，激励学生积极主动地开展思考、讨论、调查等一系列项目探究活动，通过自主的探究学习获得研究能力的一种教学方式。它的目的是通过项目活动探究得出结果，既强调结果的真实性，又强调获取结果的方法的科学性。其实质是一种模拟性的科学探究活动，具体包括两个方面：一是给学生提供一个以"学"为中心的探究学习环境。它是围绕某个项目主题来设计安排的，且具有民主和谐的课堂气氛；二是为学生提供必要的帮助和指导，适当地引导学生明确探究的方向。

　　总体而言，探究式项目教学是一种开放式的教学方式，主张以项目为主线、教师为主导、学生为主体，致力于培养学生的创新意识、研究能力和实践能力，充分发掘学生的创新潜能。

第一节　探究式项目教学的操作方案

一、探究式项目教学主要类型

探究式项目教学是教育界在新一轮课程改革中积极提倡的教学方式之一。探究式项目教学并不是一种单一的教学方式，它的种类有很多，从不同的角度可以划分出不同的类型。但目前研究主要集中在以下几类。

（一）按师生参与程度的不同，可划分为定向探究式项目教学与自由探究式项目教学

定向探究式项目教学是指学生在教师的大力指导和帮助下完成对各种探究式项目学习活动的探索和研究。但在教学过程中，教师并不是直接施教，而是引导学生自主探讨、解决问题。事实上，项目教学活动中教师的指导既包括教师提供具体的项目主题和操作程序，由学生自己自主探讨；也包括教师给定相关的项目原理或概念，引导学生发现它与具体事例的联系。采用定向探究式项目教学要注意两个方面：一是学生刚开始接触探究式项目学习，经验不足，较适宜采用定向探究；二是教师提供指导时应尽量采用提问的形式将问题抛回学生，以引起学生的独立思考和自主探讨。

自由探究式项目教学是指学生在开展探究式项目学习时，项目教学任务主要是靠学生自主独立完成的，教师只是项目活动的辅助者和组织者。开展自由探究时，学生自己提出探究项目问题，确定探究项目对象，设计探究项目流程，实施探究项目，做出最后的结论。它对学生的要求比定向探究更高，同时为学生提供了更好发挥创造性思维的机会。但自由探究并不是让学生胡乱摸索，它应与教学活动、定向探索形成一定的联系，这样才更加切实可行。

（二）按学生思维方式的不同，可划分为归纳探究式项目教学与演绎探究式项目教学

归纳探究式项目教学是从个别到一般的思维方法，学生通过个别事实探究而得出一般结论的教学方式。在这种项目教学活动中，学生事先并没有掌握相关科学理论和抽象概念的知识，而是通过项目活动组织学生进行观察、分析、探究，形成假设，再经过项目活动检验假设后得出某种概括或原理。探究中的项目教学活动，要求学生亲自观察和思考、积极动手探究、动脑思考，使教学形式多样化，激发学生的学习兴趣，提高学生项目活动的参与程度。

而演绎探究式项目教学则刚好相对，即是从一般到个别的思维形式，对于人的思维保持严密性和一贯性有着不可替代的作用。它是指教师在项目教学活动时先给出有关的概念或原理，由学生自己探究它们与具体事物的实质性联系的研究活动。演绎探究式项目教学一般有两大阶段：第一阶段是接受学习阶段，由教师给学生们呈现介绍相关的原理和概念；第二阶段是探究学习阶段，在理解相关的原理知识后，要求学生探索知识与生活实际相联系，加深对知识的理解。在一些实践中表明：一般地，教学内容难度较大时，采用演绎探究式项目教学效果较好。

二、 探究式项目教学操作原则

随着新课程改革的逐步深入，探究式项目教学作为一种新型的教学方式，获得了越来越广泛的认可与肯定。为了能更全面更有效地实践探究式项目教学，就要把握其操作的基本原则。

（一）问题性原则

著名科学家爱因斯坦指出："提出一个问题往往比解决一个问题更重要。"一切思维都是从问题开始的，问题开启了探究之门。在探究式项目教学过程

中，教师不能把现成的教学结论直接告诉学生，而应该创造一定的问题情景，引导学生围绕发现问题和解决问题展开项目探究活动，为学生提供更多的项目实践探究机会，让学生亲历科学知识的探索获得过程。

通常情况下，探究式项目教学都是围绕一定的问题展开教学活动，其问题性原则往往体现在以下五个阶段：第一，寻疑，学生由项目教学课前预习发现问题，进入寻疑阶段；第二，释疑，教师以问题为诱因，创设问题情景，激发学生的探究欲望，展开项目教学探究学习；第三，探疑，深入课堂抓住问题，从独探到共探，由小组共探到全班共探，以发散性问题，从不同角度、不同方面进行质疑，使学生思维在项目教学活动中达到应有的深度；第四，析疑，教师引导学生自主寻求问题解决，使学生建立起新的认知结构；第五，留疑，留下富有启发性和开放性的思考问题，引导进入下一个寻疑阶段。[①] 通过这种问题解决，促进学生智力结构发展，提高学生的综合素质。

（二）开放性原则

探究式项目教学模式提倡开放、自由的学习环境，要求把学生置于一个动态的开放的多元学习环境中，尊重学生的个性化发展，拓展学生的思维空间，激发学生探究项目的兴趣。因此，在探究式项目教学中要坚持开放性原则。开放性原则不仅要求探究教学的项目内容要面向生活，探究式项目教学的过程能连接课堂与生活、课前与课后、打破时间与空间的限制，而且项目教学的结论是见仁见智的，具有开放性的。只有让学生的思维呈现活跃的状态，才容易激发灵感，激起学生探究项目内容的欲望，逐步拓展深入。

例如，在教学《春》一课时，教师可以根据课文设置项目教学任务，逐步引导学生认识春天的特点，然后让学生大胆地加以想象，分组探讨生活中春天的景象。在学生基本认识春天的特点后，还可以设计教学小游戏小任务，

---

① 陈毅. 高中物理探究式教学的理论与实践 [D]. 武汉：华中师范大学，2004.

让学生在"做中学"感受并探究其他季节的特点，用自己的话说出春天与其他季节的异同点。这样就把单调的知识融入到趣味任务之中，拓展学生的思维空间，从而促使学生主动地、创造性地学习，进而提高教学效果。

（三）自主性原则

建构主义学习理论强调以学生为中心，学生是学习的主动建构者，教师只起辅助和指导作用。在探究式项目教学活动中应坚持学生自主性原则，即让学生主动参与，自主学习。实践研究表明，项目教学时教师若包办代替，事事都为学生安排好探究的步骤，步步都牵着学生的鼻子走，就会使得项目教学徒有形式，就无法激起学生的自主探究欲望，就无法发挥学生的主动性和创造性，当然更谈不上学生主体、学生中心、还学于生了。

当然，我们所提倡的自主性并不是不需要教师的指导，实际上，在探究式项目教学中，既要注重发挥教师的主导作用，积极引导，又要充分发挥学生的主观能动性，使其积极主动地参与。只有把两者有机地结合起来，才能在学生的深层次的参与中，通过积极自主地"做"与"悟"，学会学习，学会合作，学会创造。因此，在教学中，教师要善于通过趣味性的项目内容、灵活多样的项目形式、多元性评价等各个侧面强化学生项目探究的自主性，让学生有更多的自主学习机会。

三、 探究式项目教学方法介绍

探究式项目教学是一种以项目驱动为主线，以指导型探究为主要教学方法，以提高学生自主探究能力为主攻的新型教学方式。它更关注的是知识的获得过程而不仅是知识本身，强调尊重学生主体地位，注重培养学生的自主探究学习的能力。

（一）设置情境，自主探究

在探究式项目教学中，探究情境的设置是一个非常重要的环节，是探究项目过程的第一步。它主要是向学生展示项目学习的目的图式，奠定项目教学的方向，吸引学生的注意力。学生有了浓厚的兴趣，就会主动地进入自主探究阶段。为了能更好地达到目的，教师在创立项目教学情境时要注意几个方面：其一，要以具体学习目标为导向；其二，要以学生现有知识水平为起点；其三，要以真实的探究情境为基准；其四，要以启发思维为切入点；其五，要以新颖生动的形式呈现。

例如，在数学教学中，教师若能巧妙地编制学生喜闻乐见的故事，让问题寓于其中，可使学生产生迫不及待地要学新知识的欲望，激起学生探究的兴趣。如教学"年、月、日"一课时，教师导入时出示故事式趣题，小红今年已经 10 岁，小红的妈妈从出生到今年只过了 8 个生日，请同学们想一想，小红的妈妈今年是几岁？这时学生就议论开了，一般情况下，过 8 个生日就是 8 岁，可小红 10 岁了，妈妈怎么可能才 8 岁呢？学生顿生疑窦。老师接着说："你们想知道小红的妈妈是几岁吗？学了这一堂课大家就明白了。"创设这种故事性问题情境，短短数语，学生探求奥秘的欲望油然而生，主动性被激发，学习兴趣也得到了提高。[①]

（二）交流探讨，合作探究

学生之间进行有效的合作探究是探究式项目教学中必不可少的一个环节。每个学生作为项目学习的主体在探究式项目教学活动过程中都开展独立的探究学习，形成了自己对项目内容的独特理解和看法，而交流探讨、合作探究有利于学生之间进行交流、反思与改进，因为同伴之间的差距比教师学生的差距要小，能更迅速地找出彼此困惑的关键点。同时合作探究在无形中会形成竞争的氛围，每位学生都想探究出他人没有发现的细节或容易忽略的地方，这有利于促使学生开展更深刻的、更深层次的项目探究，也有利于学生主体

---

① 王丽华. 小学数学探究性学习活动的设计与开发 [D]. 长春：东北师范大学，2010.

地位的显现与发挥。

(三) 释疑点拨，诱导探究

古人云："授之以鱼，不如授之以渔。"在探究式项目教学活动过程中，教师不再像传统教学活动那样，把所谓的标准答案直接抛给学生，不再是教学活动的"包办者"，而是项目教学活动的组织者、引导者和合作者，是要组织学生发现和利用学习资源，给学生创设自主学习探究的空间，并在必要时对学生疑问加以正确的引导点拨，让学生在逐步完成项目任务的过程中主动思考探究，体会自主探究的乐趣。探究式项目教学旨在引导学生在项目学习中探究，在探究项目中学习，学生一般都能在自主探究学习中学习到相应的项目知识。当学生在项目探究学习中遇到难题时，教师可以让学生在一定的时间内先简要描述各自探究中遇到的难题，然后综合学生的疑问给予相应的点拨，诱导学生开展更进一步的探究学习。

第二节　探究式项目教学的实施策略

我国基础教育改革的重要目标之一就是转变学生的学习方式，变被动接受为主动探究。探究式项目教学作为一种新型的教学方式，在培养学生主动学习能力、实践能力和解决问题能力等方面具有很好的优势，是新课改期待的教学方式之一。这种教学方式，强调项目学习过程的探究性，促进学生投入到项目学习活动中，帮助学生开发各种智力，创造性地解决问题，培养学生的探索精神。

一、策略一：创情境，循循善诱

创情境，循循善诱，是指创设与项目教学主题相关的，学生欲知、欲得、欲进的情境，激发学生的学习动机和热情，展开探究，进行项目学习。建构主义认为，学习总是与一定的社会文化背景即"情境"相联系的，在实际情境下学习，可以使学习者能利用自己的原有认知结构中有关经验去"同化"或"顺应"当前学习的新知识。[①] 因此，在探究式项目中创设探究情境，设法集中学生的注意，营造探究氛围，激发学生思考，对于激发学生的探究欲望是很有帮助的。

简 易 方 程[②]

某教师在教学"简易方程"这一内容时，创设了这样的情境来导入："同学们，我们来做一个猜数游戏。你在心中想好一个数，不要说出来，把你心中想的数先加上5，然后减去3，再乘以2，最后除以2，只要你说出结果是多少，我就能知道你开始时心里想的那个数是几，你们相信吗?"学生纷纷回答："不相信。""那好，我们来试试看，看谁能难住老师。"学生想好数后开始计算起来。

一会儿，生1就报出了结果"6"，教师马上说："你想的数是4，对吗?""咦，我想的数正好是4，老师你猜对了。"

生2迫不及待地喊道："我的结果是18。"教师说："你想的数肯定是16。"这时，学生们纷纷举手说出自己的结果，教师都一一作出了正确的回答。

甚至，班里的"皮大王"也被课堂吸引了，也有意要难倒老师而积极参与到课堂中来，报出了结果"9999"，教师毫不迟疑地说出了他心中想的那个数："9997。""皮大王"敬佩地说："老师，你真神!"

这时，全班学生沸腾起来了。"老师，你是怎么猜出来的，快把方法教给我们吧!"教师顺势利导地说："同学们，今天你们学会解简易方程后，就知道老师是怎么猜的了。"这时，学生个个精神抖擞，兴趣盎然，睁大了好奇的眼睛，迫不及待地让老师教给他们猜数的诀窍。这样的教学，把学生们都引入

---

① 高继红. 高中数学探究式教学策略研究 [D]. 呼和浩特：内蒙古大学，2009.
② 王丽华. 小学数学探究性学习活动的设计与开发 [D]. 长春：东北师范大学，2010.

了最佳的学习状态之中。

实践证明，富有启发性的故事、生动有趣的生活实例、动手操作的活动等，都能为学生创设理想的学习情境，促使学生形成一种努力探究的心理。

创设情境的方法很多，没有固定的模式，可根据教学目标、学生水平来设置。上述案例中的教师巧妙地激发了学生探究的热情，激活了学生的思维，为后续项目探究活动提供了积极的保障。创设情境，能诱导学生积极参与到项目探究教学活动中来。

（一）通过驱动问题，创设富有悬念的情境

学习的过程是一个发现问题、提出问题、分析问题和解决问题的过程。根据项目教学目标和学生的认知发展水平，具体项目教学实践中可以直接把有一定难度的项目知识分解成几个相互联系的小项目进行探究，在明确各小项目的内容和情境后，将任务和情境转化为问题，层层设置问题来驱动探究，由浅入深，循序诱导、步步深入，激发学生的求知欲，充分调动学生的积极性，引导学生主动参与到项目教学活动中来。

（二）通过生活体验，创设真实经验的情境

在探究式项目教学中，有些项目内容可以结合实际生活来创设情境，学习与生活相互融合，使学生身临其境，获得项目知识探究的真实感与亲切感，增强项目探究的兴趣和动机。又如在"酶的特性"探究式项目教学时可以让学生联系生活实际思考，含有"酶"的雕牌洗衣粉的广告语中为什么强调"只用一点点"就能去除油渍和汗渍？为什么用"温水"效果更好？通过这个引起学生对生活中的"酶"的好奇，激发学生认知好奇心，从而促使学生从生活实际对"酶的特性"展开项目探究学习。

二、策略二：入情境，探索体验

入情境，探索体验，是指将学生带入一定的教学情境后，引导学生在项目教学活动中自己探索相关知识，并在探索的过程中积极感受、体验探究式项目学习活动的乐趣。对于学生来说，探究式项目学习的一个重要的目的是要在项目活动中学会独立思考、自主学习和合作探究，并提高解决问题的能力。在这一教学策略实施过程中，要注意尊重学生的主体地位，建立良好的探究学习氛围，鼓励学生独立于教师，积极进行自主探究。同时教师要适时点拨，指导项目学习知识点的正向迁移，以引导学生的思维活动向纵深方向发展。

认识角①

在开展关于认识"角"的探究式项目教学活动时，教师从学生身边的事物入手，让学生从生活中找到数学的踪迹，再和学生一起把生活中的数学上升到数学课上的数学，进一步带领学生进行探究。在这节课中，教师没有直接告诉学生"角"的定义，而是通过组织学生完成5个小项目活动来达到教学目标。

首先让学生在生活中找"角"，即让学生说出他们认知结构中已有的"角"；然后让学生摸"角"，即感受"角"，可以帮助学生积累关于角的基本经验；再让学生合作一起做"角"，用小棒摆"角"、用毛线做"角"、用圆纸片折"角"等等，这时"角"的概念已经呼之欲出了，教师再趁热打铁，告诉学生什么是"角"。接下来再通过让学生观察"角"和比较"角"，加深学生对"角"的认识。

这样，整个认识"角"的过程都是在学生的探究活动下完成的，"角"的概念也是学生自己探究发现的，教师只是将学生带入这个教学的情景中，帮助学生建构"角"的概念，让学生自主体验探究，经历"角"的抽象过程，这节课的各个教学环节紧密相连，以学生的活动为主，让学生在活动的过程中学习什么是"角"。

---

① 孙艳明. 小学数学探究式课堂教学案例研究 ——以C市4所小学课堂教学为例 [D]. 长春：东北师范大学，2012.（文章略有改动）

教师采用了全新的教学理念，带领学生走进了生动的"角"的世界，建构"角"的概念。将学生带入轻松愉快的教学情境中，这样就为学生提供了自主探究、感受、体验生活中的"角"的空间，创造了轻松自由的学习氛围，极大地调动了学生探究学习的兴趣，促使学生主动参与项目教学活动，培养学生的探究实践能力。

（一）营造多边互动的气氛，体验探究

探究意识的培养依赖于良好的多变互动的教学氛围。在探究式项目教学中，要倡导平等、和谐、协作的师生关系，消除学生在探究学习中的紧张感和焦虑感，让学生在轻松、愉悦的气氛中展现个性，发表自己的见解和观点。构建"师生互动、生生互动"是适应新课改要求的一种新型教学方式。在传统的课堂教学中，学生基本上是"听师由命"，教学课堂氛围比较沉闷。显然，这样是不利于探究式项目教学开展的。在探究的过程中，教师应该多与学生进行互动，同时引导学生与学生之间展开交流。项目知识探究时可以通过小组探究、合作学习、相互评价、相互激励、互帮互学等活动，使不同层面的学生都能积极投入、认真探索、共同进步，让学生在探究式项目活动中充分发挥主体地位，实现从"要我学"到"我要学"的转变，充分体验探究的乐趣。

（二）建立自主探究的空间，深化探究

苏霍姆林斯基说："在每个人的心灵深处，都有一种强烈的渴望，那就是希望自己是这个世界的发现者、研究者和探索者。"而这种情怀在学生的精神世界中更是强烈。给学生建立自主探究的空间，符合新课改的要求，是学生探索新知的重要途径。因此，创造自主探究的空间，深化探究，对于探究式项目教学有着重要的意义。探究式项目教学注重学生的探究和思考的过程，必须转变教师"唱戏"，学生"听戏"的旧教学模式。在研究关注学生，准确把握学生探究的起点后，给学生提供项目探究空间，放手让学生自主发现和探索。在探究式项目教学中，可以提出具有一定难度的问题引导学生自主探索；设置具有挑战性的子项目，激发学生深入探究；创设需要学生合作探讨来解决问题的活动等，进一步拓展自主探究的空间，延伸探究式项目教学的活动。

（三）提供适时解疑的指导，引导探究

在实施探究式项目教学过程中，教师虽然不再是教学活动的中心，但其对整个教学活动的组织和指导仍然起着至关重要的作用。为更好地激发并保持学生主动探究的积极性，教师要在学生自主探究项目活动过程中细心观察，认真指导，及时"推波助澜"，适时点拨学生，引导学生继续深入探究。当然，因为学生才是学习的主体，项目知识要转化为学生的东西，主要还要靠自己的思考和探索。只有经过积极思维，才能透彻理解、掌握和运用知识。探究式项目教学强化教师的"引导"就是要促进学生的积极思维和培养学生的探究能力。教师在给学生释疑指导时要做到：一要允许出错，宽容对待；二要鼓励质疑，各抒己见；三要适当提问，指点方向；四要巧妙暗示，释疑解难；五要引而不发，导而不牵。

三、策略三：出情境，反思建构

出情境，反思建构，是指在一定的教学情境中完成了一个探究式项目知识点的学习后，要鼓励学生积极进行总结交流，反思评价，以建构完善的知识结构。探究式项目教学与传统教学的一个重要区别在于教学活动结束后的反思建构，它注重引导学生反思从项目学习中学到的内容和在项目学习中的各种表现，从而实现知识的建构。同时，评价也不再是区分优劣的途径，而是学生与学生、学生与教师之间相互对话、不断完善自我的过程。

酸　雨[①]

教学活动中，学生在一系列实验项目和讨论探究的基础上理解了酸雨的概念、形成过程、与生活的联系、对生态系统和整个人类社会发展的危害性，以及针对酸雨污染今后要如何从身边的点滴小事做起，开展环境保护行动。在教学活动中，教师让学生在整个探究式项目学习过程中学着撰写项目反思日志，以便学生在项目发展的各阶段发表自己的想法，深化对酸雨探究的认识。然后在项目学习的最后一个环节项目评价阶段，教师还和学生一起制订了评价的标准，主要从两方面进行项目评价：最终作品评价和项目过程表现评价。这样的科学的项目考核标尺使得评价能够做到公平、公正、客观，整个项目教学过程都体现了学生的探究主体地位，有利于促进学生的综合能力的发展。

探究式项目教学的实施不仅关注学生探究学习的结果，更关注学生参与教学活动的过程。案例中的教师注重对学生完成探究项目活动后知识的建构，能对学生进行巧妙的点拨和引导，促使学生获得深入的体验和感悟。

(一) 反思总结，实现建构

教育心理学家波斯纳提出一个师生成长的公式：经验＋反思＝成长。学生在一个项目活动中完成了对某知识的探究学习，对探究过程和探究结果都有了一定的认识。这时，教师应该引导和鼓励学生通过反思总结知识之间的联系并找出探究的不足和问题。在反思总结后，学生对问题的认识会有一个质的飞跃。深化认识，能提高学生的探究能力，促进学生知识建构的完成。孔子曰："学而不思则罔，思而不学则殆。"也体现了这点。

(二) 深究项目，综合评价

评价是探究式项目教学活动重要的有机组成部分，是实现教学目标的重

①　王浩. 项目教学法在小学科学课程教学中的应用研究 [D]. 银川：宁夏大学，2014.

要保障。新课程改革要求，课堂评价要重视多元主体参与评价，更要"立足过程，促进发展"注重过程性评价。因此，对于探究式项目教学进行评价时，可采用教师评价、学生个体评价、组内评价等多种方式，深究探究式项目教学活动的过程，从知识与技能、过程与方法、情感与态度方面进行综合性的评价，如学生的活动参与度、在教学活动中知识的掌握程度和学生的进步情况等等。

第三节　探究式项目教学的经典课例

探究式项目教学主要是为了适应时代的要求，为培养创新型人才提出新的教学方式。这种教学方式能有效地激发学生主动学习的热情，有助于培养学生的创新意识和探索精神，注重学生各方面潜能的发挥和创新能力的发展。

一、　经典课例

家用电器与安全用电[①]

步骤一：选定项目

首先，教师向学生介绍项目学习的概念、特征及流程，向学生强调项目学习的目的是制作出作品，而不仅仅是学会知识，引导学生区分项目学习与小制作的不同。学生听到"项目教学"感到很新鲜，对将要开始的学习充满期待。

关于项目主题的选择，是由师生共同讨论获得的。由于考虑到本部分内容属于9年级下册，正是初三学生目前学习的内容，他们正面临中考，学习压力较大，项目的持续时间不宜太长，经过综合评价，安全用电部分由于涉及安全问题，学生不能完全亲身体验，需要借助信息技术，尤其是网络来学

---

① 黎玉伟. 信息技术支持下初中物理项目学习的设计与应用 [D]. 保定：河北大学，2009.

习更多的知识，所以最后选择"家用电器与安全用电"这一主题作为本次项目教学的主题。这一主题也贴近学生生活，能充分激发学生的探究热情。

步骤二：制订计划

项目教学活动的实施需要一定的组织形式，为对学生的团队合作精神予以培养，在活动中提倡小组合作的组织形式，所以在确定了项目主题后，首先要对学生进行分组。"家用电器与安全用电"这一项目学习活动，由初三同一班级的 55 位学生参加，分成 11 个活动小组，每个小组 5 人。

考虑到学生面临中考，学习压力比较大，不适宜长时间地进行项目学习，所以本次项目学习计划用一周时间完成。在确定了活动时间后，学生在教师的指导下由小组成员共同讨论制订详细的活动方案。这一方案为活动的开展提供具体可操作的步骤及方式。

步骤三：项目实施

这一阶段是项目教学活动最核心的环节。在开展活动时要坚持学生主动探究，方式可以多样化。按照计划，主要活动过程如下：①调查收集资料阶段。调查自己家及邻居所用的电器种类，家庭配电线路结构。查找家庭里的安全隐患。②通过多种途径学习安全用电知识阶段。通过查阅图书资料、上网查询、请教专家、请教电工师傅等途径学习安全用电知识。③实验探究阶段。主要探究为什么不能用湿手或湿毛巾接触电器。学生可以通过万用表、装有水的茶杯来进行实验探究，并一一记录下数据。④对所收集的资料进行详细分析、整理，并分析原因，得出结论。

步骤四：作品制作

在接下来的两天内，小组成员一起对前期搜集的资料作总结，选取其中典型内容用电脑做成电子图片，并上交"家用电器与安全用电"项目学习总结报告。

步骤五：作品展示

作品展示提供了一种师生之间、生生之间共同学习和交流的机会，是学生学会发现自我、欣赏别人的过程。在本项目学习中各小组向其他同学介绍自己小组的研究成果，互相交流和分享所获得的经验。在交流过程中同学们总结了安全用电注意事项，讨论了在家庭和工厂里常见的安全隐患及防范措施。

步骤六：项目评价

由于项目主题是开放性的，没有标准答案，所以学生的作品结果也没有对与错之分。对于表现好的小组给予表扬，对表现稍差的小组给予鼓励，对于合作意识不强、积极性不高的学生适当给予批评。

二、 实施方案

与"满堂灌"的传统课堂教学方式不同，"家用电器与安全用电"探究式项目教学给予了学生更多的自主性，有利于学生自主探究及合作能力的培养。通过本次活动，让学生通过查阅文献，上网查询和实地考察和实验探究等方式自主探究家用电器与安全用电的知识，激起了学生的学习兴趣，让学生更深刻地意识到了"安全用电"重要性。这样不仅能使学生更透彻地理解新知，又能培养良好的科学态度和扎实的实践能力。

（一）探究式项目教学要讲究生活性

陶行知先生指出："生活即教育"，"教学做合一"。生活是教育的中心，探究式项目教学应将学生从抽象、虚拟的课本堆中解脱出来，结合学生生活实际，使学生的项目学习植根于生活，使学生体验到知识来源于生活，应用于生活，从而激发学生探究学习的意识，因而探究式项目教学要讲究生活性。"家用电器与安全用电"探究式项目教学，就是巧妙地将教材知识进行生活化处理，将科学知识运用到生活中的表现。这样的设计，不仅贴近学生的生活实现，符合学生的需要心理，而且给学生留一些遐想和期盼。

构建探究式项目教学生活化，一方面要有意识地将项目探究内容进行生活化处理，努力在学生生活与项目探究之间建立一种相似或相对的联系，这样学生更有构建的基础和探究的动力。在激发探究兴趣的同时，指点出探究的方向；另一方面，要让课堂教学走近生活，通过多种形式引导学生积极参与探究活动，如生活语言引导暗示、实物设境、游戏设境等创设生活化的意境，激活学生的经验世界，指导学生运用所学知识为生活服务。

（二）探究式项目教学要考虑适宜性

适宜的项目探究内容能有效地保证探究式项目教学的效果，激发学生探究学习的主动性。探究式项目教学的适宜性是指项目探究内容的难度和项目探究活动的时间要符合学生心智发展水平。一般地，在探究式项目教学中，探究内容不宜过于复杂，探索时间也不宜过长，这实际上是要求项目探究教学要在学生的知识基础和探究能力的范围内进行。只有那种能激发学生思维的探究内容，才适合学生的发展，才有利于创造性思维的训练和创新意识的形成。当然，项目探究内容也不能太过于简单，如果缺乏思维深度，就会让学生丧失探究的兴趣，探究时间也要保证有充分的时间给学生完成探究活动。每一次项目探究教学活动，一般只包含一个中心主题，开展一次探究循环过程为宜。

《家用电器与安全用电》的探究式项目教学就很好地体现了学生心智发展适宜性的特点。其项目探究内容是通过对学生已有知识能力的综合考虑，由师生之间自由讨论获得的，难度适宜，又设计了独立探究、实验探究和合作探讨等环节，保证了探究深度，充分调动了学生参与的积极性。另外，其项目探究更充分考虑了学生当前学习状况设置了适宜的活动探究时间，以实现学生探究性项目学习的目的。

（三）探究式项目教学要注重过程性

作为与传统接受式教学相对应的教学方式，探究式项目教学在重视学生学习结果的同时，更加注重学生的项目探究过程以及学生在项目探究过程中的感受和体验。现代教学论认为，教学过程不单是传授与学习科学文化知识的过程，同时是促进学生全面发展的过程。学生通过观察、思考、动手、合作、交流等学习的方式体验项目教学知识形成和发展的过程，通过学生亲自感悟的过程，增强探究意识。

"家用电器与安全用电"项目教学活动中最核心的是探究项目实施环节，注重项目教学的过程性。之所以强调探究过程，是因为学习者在学习过程中有情感的投入，可以获得内在动力的支持、积极的情感体验，产生终身学习的愿望。除了获得积极的情感体验外，强调探究过程的意义还在于：由于学生自主参与，积极运用各种能动感官，生动体验，能真正提高获得新知的能力，促使学生科学态度和创新能力的发展。[①] 这也是新课改的目标之一，所以过程性在探究式项目教学中占据很重要的地位。

第四节　探究式项目教学易出现的问题及解决方法

探究式项目教学新课程理念下所倡导的教学方法，是由师生围绕一定的问题，通过共同实施一个完整的"项目"来探究学习的教学活动。但在实施过程中，我们发现存在一些问题制约着探究式项目教学的进一步开展，这就需要我们去研究、去寻找问题的解决方法。

一、探究主体错位

建构主义与人本主义学习理论都强调要为学生自主探究学习创设学习环境，提供丰富的学习资源，营造良好的学习氛围，教学中尽量发挥学生的主体地位。探究式项目教学就是一种通过教师精心设疑，学生自主参与项目活

---

① 胡广形. 探究式教学——创新的现代教学方式 [J]. 物理教师（高中教师版），2004，25（5）：1—4.

动来延续和充分发展学生的好奇心，培养学生探究学习的兴趣，切实提高学生学习效果的行之有效的教学模式。由于对教师的项目规划组织能力和学生自主合作探究能力都提出了更高的要求，师生还不能很好地适应该教学方式，使其在教学实践中还存在较大的困难。

在教学实践中，许多教师只顾着重视教学内容的实现，教学按照拟定好的教学步骤开展，所有学生只是辅助性学习，学生主体缺位，教学目的变成教学内容完成，学生大都是以一个"教学事件的旁观者"参与项目教学活动，并未能获得实践能力。那么，该如何解决"主体错位"这一问题呢？

（一）发挥自主性，避免学生"顺其自然"

在进行教学设计时，就必须考虑将"谁"作为主体的问题。整个项目教学活动是要围绕学生展开的，教学活动要突出学生的主体地位，激发学生学习的动力和兴趣，从而达到学生能够发挥自主性主动学习的目的。

在教学实践过程中，要通过问题设疑等多种方式引导学生积极主动地、建设性地参与到项目探究过程中，从兴趣导入，以目标导向，让学生在反馈、感知、理解与实验中寻找解决问题的方法，调动学生主动参与的积极性，摒弃被动接受学习的习惯。探究式项目教学把知识教学与实践教学有机地结合起来，不仅有利于学生加深理解和掌握书本知识，更使他们懂得怎样灵活应用这些知识，从而全面培养学生分析问题和解决问题的能力；另外，在学习过程中要让学生以小组协作学习的形式，积极参与任务实施过程，在活动中学会与人交流、合作，从而培养学生的交流合作能力。总之，在探究式项目教学过程中，充分发挥学生的自主性，调动学生的探究积极性至关重要。

（二）加强指导性，杜绝教师"包办一切"

在实际教学中，由于传统教学观念的影响，教师在教学中总是想面面俱到，总怕遗漏某一知识点，一些需要学生探究的问题，反而不能给予充分的时间，情急之下教师总会替学生探究。教师的包办代替，必然会影响项目教学的效果，影响学生探究能力的形成和提高。

在探究式项目教学过程中，学生是学习的主体，是知识意义的主动建构者，而教师是作为指导者和监督者，对学生的知识建构有着重要的促进和帮助作用。项目教学活动中，教师是要本着"提出一个问题往往比解决一个问题更重要"的精神，抓住契机，创设情境，指导学生如何去发现问题，比如如何质疑、如何提问、如何分析等；以及发现问题后引导学生去探究解决问题的方法。教师的适时点拨指导会使学生少走很多弯路，但需要注意的是：一是教师的指导要到位，要时刻关心每一位学生的探究情况；二是教学中不仅培养学生阅读书面文字的能力，而且要培养学生生活中选择和把握重要信息的能力；三是教师要抓紧时间充电，不断提高自己的综合素养。总而言之，教师要做学生学习的指导者，而不是包办者，要杜绝在学习上"教师包办一切"，才能让学生享受到成功的喜悦。

二、 探究设计不合理

探究式项目教学旨在引导学生自主学习、科学探究、主动实践，合理设计教学活动，科学地运用该教学方式培养学生的创新思维和问题解决的能力，具有重要的作用。但在教学实践中，一些教师一味地追求形式，为了探究而探究，缺乏对项目教学的深入思考与研究，不重视对项目教学的科学设计，使得探究式项目教学缺乏实践性效果。

若教学设计的探究目标不明确，探究式项目教学活动就容易偏离主题，导致教学过程盲目开展；若项目教学内容探究难度过大或者缺乏思维深度，则教学就会流于形式，失去探究价值；若项目探究教学过程没有根据教学内容和现有资源以及学生的实际情况进行精心设计，探究式项目教学很难达到预期的效果。针对这些问题，应该采取怎样的应对措施呢？

（一）明确制订项目探究目标

任何一份探究式项目教学设计都必须具有清晰的教学目标，也就是说通过项目探究教学设计的实施后，学生能够明确地达到什么目标。在整个教学活动中，项目探究目标是要起到提纲挈领的作用的，它决定了探究式项目教学活动的指向。因此，探究式项目教学的每一个项目探究环节，都必须明确清晰的项目探究目标，否则，项目探究过程将会出现盲目性和随意性。

如何制订清晰的探究式项目教学目标呢？一是明确探究式项目教学的理论基础和作用，根据探究式项目教学的内容在整个知识体系中的作用，以及这部分内容可以培养学生哪些具体能力来确定项目探究目标；二是在制订项目探究目标时，要考虑到学生的实际，根据学生已有的知识、经验、学习特点、探究能力等来确定，同时要照顾到学生的差异性；三是在设置教学目标时，要遵循事物发展由易到难、由浅入深的规律，从知识的记忆目标到理解与运用目标，再到发展能力、解决实际问题和情感体验目标等，各项目教学目标之间层层递进，由浅入深。

（二）科学选择项目探究内容

有了明确清晰的教学目标后，接下来，就需要科学选择项目教学的内容来实现既定的教学目标了。不得不提的是，并不是所有的教学内容都适合探究式项目教学。比如，抽象的概括性的内容就很难通过探究式项目教学活动来完成。

1. 核心性

内容应该是学科领域中的核心知识，对提高学生的理解能力和创造性思维能力具有重要的价值。

2. 适合性

项目探究内容要适合学生的知识和能力水平、学生的思维逻辑，还要注重激发学生的探究兴趣和学习的动机。

3. 接受性

项目内容选择上要考虑到学生的可接受性，要本着由易到难、由简单到复杂的循序渐进原则。

（三）精心设计项目探究过程

在探究式项目教学活动之前，必须要精心设计项目教学的过程，才能引导学生有计划、有目的地开展项目教学活动。预设教学过程要注意项目探究活动的导入形式、课程的实施、各环节之间在时间上的合理分配等，精心设计合理安排，引导学生积极参与到探究活动中。开展项目教学时，教师应注重规划，设置情境，用兴趣化的方式将学生引入课堂；注意引导学生进行自我探究；在进行重难点探究时，教师进行适度点拨，体现学生的主体性、教师的主导性。此外，要充分考虑学生在项目探究中可能出现的新问题新情况，并提前做好应对的准备，以保证教学活动高效有序地进行。

当然，预设教学并不意味着教学实施机械性地"按部就班"，如"手把手"告知学生研究什么问题、用什么方法去探讨、遇到问题如何解决等等，这样学生就会失去自主探究的机会，无法激起学生进行项目探究的欲望，更谈不上创新能力和实践能力的培养，探究式项目教学也就流于形式，失去探究的价值。

第五章 实事求是：调查式项目教学

没有调查，就没有发言权。调查是基于了解情况而进行的考察，核心是为解决问题而进行活动。调查式项目教学就是基于项目学习活动面对的挑战和矛盾，进行了解和考查，并提出解决问题可供选择的建议、方案和步骤，为学生提供学习目标和焦点。

第一节 调查式项目教学的操作方案

为了保证调查式项目教学的操作落实，我们必须事先了解调查式项目教学的常用类别，研究并掌握其特征，在此基础上再进行操作类型的选择。① 调查式项目教学常用的调查法有以下几种：观察调查法，问卷调查法，访谈调查法，抽样调查法，实验调查法，顺位调查法等。根据中小学生的能力范围，下文只选取上述的前三种方法进行详细介绍。

---

① 关泉杰，李兴山. 调研方法分析与选择［J］. 黑龙江水利科技，2013，(8)：182—183.

一、 调查式项目教学主要类型

（一）观察调查法

观察调查法主要包括观察人们的行为、态度和情感。这些观察信息可以为学生提供与项目主题相关的发展动态和前沿资讯，增强项目调查的兴趣。观察调查法并不单单只有观察的过程，还包含了从观察中进行推断的过程。此时，既要灵活地运用观察的技巧，也要适当地改善记录方法，提高记录编辑整理信息的效率。

（二）问卷调查法

在中小学的调查式项目教学中，问卷调查法是最常用的调查方式之一。对于中小学而言，问卷的题目不宜过多，一般在 5 道题内为佳。调查的对象最好面向同校学生以及身边的社会群体。如果有必要，问卷的制订可以适当地向教师咨询意见。此方法，能让学生轻松地得到较大的样本，获得比较好的效果。

（三）访谈调查法

访谈调查法是指学生根据项目要求，与被访者通过口头交谈的方式，了解调查对象情况，获得所需信息的方法。开展访谈调查法的目的有二：一是通过访谈前的各项准备工作，培养学生的责任感和自觉性。二是锻炼学生的胆量，帮助学生加强人际交往能力。受访者对于学生来说，大多数是素未谋面的陌生人，如何在较短的时间内与被访谈者建立起基本的信任和一定的感情，有效地进行提问，这都需要学生在访谈调查式项目教学过程中多加锻炼和学习。

二、 调查式项目教学操作原则

（一）坚持客观性原则

这不仅是为了严格遵守"客观"，也是为了学生的身心健康发展。之所以这样讲，是因为学生只有养成实事求是的求知态度，才能在调查式项目的学习过程中真正做到学有所得，有所提升。

坚守客观真实性原则，要求我们做到以下几点：一在调查过程中，学生必须尽可能地排除主观因素，不能因为个人的喜好、情感影响对事物的客观判断。二要尽可能多地搜集相关资料，在大量的调查中，获取更真实可靠的信息，进而得出正确的结论。

（二）坚持系统性原则

若要保证调查式项目教学顺利进行，则要全面系统地把握整个项目调查过程。主要分为三个部分，第一，项目调查前。做好充分准备，弄清调查对象、目的、方式。第二，项目调查中。针对不同的调查方式和调查环境应灵活地作出应变。另外，充分利用面谈对话、人物观察、电话访问等多种方式，从多角度对调查对象进行系统全面的了解。第三，项目调查后。做好信息的分类，笔录的整理，结果的分析，结论的提出以及最后的总结。

（三）坚持集体性原则

一般来说，调查式项目教学需要较大的人力物力，为此，我们要遵循集体性原则，要求学生具有集体观念，在集体中学习，在集体中成长。培养学生对集体的责任感、荣誉感、义务感，具有为集体利益牺牲个人利益的精神，做到个人服从集体，小集体服从大集体，共同进退。

坚持集体性原则，重在调查式项目教学中尽可能地制造集体行动的机会，让学生感受集体的力量，大家庭的温暖。学生不是先懂得集体的好，然后把这个原则运用到具体行动中去的，恰恰相反，学生是在各种各样的具体的集体活动中体会到集体的能量，才逐渐加强自身对集体的拥护。

三、 调查式项目教学方案介绍

（一）实地调查式项目教学方案

实地调研法是相对于网络调查而言的，指调查人员直接把调查触角深入到被调查的具体对象所在地，对调查对象进行调查研究，获取资料进行分析，从而得出结论的一种方法。它所获得的信息具有及时、确切的特点。实地调查法主要有两种方式：访问法和观察法。

做个家里小帮手

项目背景

在一次家长会上，很多家长提出学生在家里比较懒惰，不愿承担任何家务。为了让学生意识到自己是家里的主人，形成热爱家庭的观念。养成主动承担力所能及的家务活的习惯；在劳动的过程中体会父母的辛苦，以及积累生活日常知识。四年级一班的班主任决定开展一次调查式项目教学，让学生深入到每个年级，针对在家里做家务的情况进行实地调查。

项目目标

1. 对每一年级的学生做家务的情况有初步了解。

2. 对调查的结果进行思考。

3. 制订家务卡。

项目实施

分配小组：以 4~6 人为一组，分配任务。

调查形式：调查形式不限，可以由小组制作问卷，提问题等方式进行调查。

调查对象：一到六年级学生，每一小组至少调查 70 个学生。

调查记录：根据需要进行调查笔录，最后由小组完成调查结果报告。

项目成果

1. 由小组完成调查结果报告。

2. 每一位学生都要写出调查感悟，并制订"家务卡"，内容包括：做家务的时间段、家务类型、次数。

项目评估

由教师对整个项目活动进行评价和指导，在评价时不能只评价结果的优劣，要着重项目实施的全过程；不只是评出分数，更应该指出问题所在，给出具体改进及修改建议等，让学生继续完善项目。如果有条件的话，以比赛的形式进行评奖。

1. 施加"技巧"，多管齐下

为了获得一定量的调查信息，除了前面我们提到的准备工作，还应花不少时间去参与相关调查技巧的讨论，把细致的地方做好做足，通过一些细节来打动被调查者，获得对方的信任，轻松收集相关项目信息。[①] 一个人的衣着打扮、外部形象往往能反映一个人是教养、素质。以学生的身份进行项目调查，首先要有学生的模样，穿戴整洁，懂得基本礼貌，用语文明。其次要注意表达清楚，尽量做到语句恰当，语言简洁，力求一语中的，用几句话就能把自己调查的内容恰当地告知被调查者。但值得注意的是，不能因急于表达自我而使用过急的语速。

2. 注重"沟通"，启发配合

多数情况下，调查式项目目标要求的实现，都不是单靠一个人的力量完成的，而是需要其他人的配合。如何协调人与人之间的关系，是调查式项目教学必然面临的问题之一。其中，处理好调查队员内部关系以及调查成员与

---

① 翟峰. 调研活动的语言运用技巧浅探 [J]. 办公室业务, 1998, (6)：10—11.

被调查对象外部关系是关键工作。

对于内部关系的处理，我们采取"沟通理解"的手段。由于是内部关系，在沟通协作的过程中首先要有好态度，态度决定行动，决定成败。其次，多站在对方的角度看问题，尊重理解对方，不能采取过激的争论批评方式。最后，不论"沟通"情况如何，都要保持冷静，控制情绪。只有这样，才能在不影响队员间感情的同时加强工作上的沟通协调。

而对于外部关系的处理，我们主要采取"沟通配合"手段。我们在进行调查式项目的时候，总会遇到一些被调查者由于性格特点、语言表达能力等的原因，出现木讷无言，或者词不达意，甚至拒绝调查的情况，如此一来，难以达到我们所需的调查效果。此时，就需要我们学生采取巧妙合理的沟通，尽可能地对被调查者进行恰当的启发诱导，让被调查者找到头绪，渐入佳境，配合调查。

（二）网络调查式项目教学方案

一般来说，网络调查是指在网络环境下，以互联网为信息传递工具，进行调查设计，资料收集分析咨询等一系列的活动。网络调查既基于传统的调查理论[①]，又注入了现代计算机和通讯技术的新鲜血液；既具有传统调查的一般性，又具有现代网络的特殊性。但由于操作步骤比较繁冗，技术要求较高，因此，对于中小学而言，使用范围比较窄，使用对象主要以高年级学生为主，并需要教师在旁指导。

1. 网络调查平台选择

网络的发展和便捷推动了各领域的发展，调查也不例外。由于网络调查信息的普及性和广泛性，较好地解决了传统调查长期以来调查群体少的难题，因此受到更多人的热捧。网络调查虽然由于便捷性和经济性而备受欢迎，但

---

① 赵智锋. 我国网络调研存在的问题与对策 [J]. 经济论坛，2009，(6)：34—35.

取得成功并不是随便的。首先得选好调查的工具，我们建议要选择权威的网络调查平台。原因有三：一是网络安全有保障。在权威性较强的网站，能够有比较完善的网络保护系统，能够防止成果的窃取以及对个人隐私起到了一定的保护作用。二是有足够的访问量。通常来说，网络调查项目问卷的答题率与发布平台的访问量成正比，只有在权威的网络平台上，拥有足够的访问量，才能保证调查问卷的完成量。三是保证调查的真实性和准确性。一般来说，对于网络调查的真实性是很难把握的，但相对而言，在权威性较高的网络平台，可以大量地减少不良分子对调查的刻意破坏，造成调查数据过分偏离实际。

2. 激发参与调查兴趣

拥有了上面提到的高访问量的网络平台后，如何才能将大量访客变成我们的被调查对象呢？首先，学生可以在调查问卷上做足功夫，以其独特的魅力吸引访客[1]，也可以利用有偿参与、有奖参与等方法来调动访客参与的积极性，还可以对每一位参与调查的用户发送感谢卡。在网络上进行调查，都是以随机性和自愿性进行的，因此对参与人数并不好控制。只有用丰富有趣的形式，用心制作调查设计，才能赢得更多被调查者的"青睐"。

第二节 调查式项目教学的实施策略

根据现代教育学研究，学生的学习过程本身就具有自觉发现、探究的性质，然而这并不等于说学生的学习过程必然能自然而然地达到预先设定的教学要求，实际上学生的学习过程只有在掌握一定学习策略的条件下才可能更好地进行自我发现，补充学习。同理，调查式项目教学要有所成，也需要学生掌握其实施策略。

---

① 马忠庚，王学军. 网络时代高校图书馆用户调研方法变革与创新 [J]. 博士文苑，2005，(5)：54—55.

红绿灯

调查项目背景

近期，越来越多群众向学校反映学生在上学、放学时段，闯红灯的现象越来越多，为了有效地对此现象进行监控和改善，决定先让学生对此问题进行调查，从而再制订应对良策。

调查项目目标

为制订良好的应对策略，对学生闯红灯现象进行多角度调查，了解其原因。

调查项目内容

1. 了解目标学生群体的基本特征包括：人口统计、年龄范围、闯红灯时间段等。

2. 路人对于闯红灯学生的态度。

3. 了解闯红灯后，学生的反应。

4. 了解哪些因素会对学生闯红灯产生影响。

项目调查方式

1. 采用拦截调查法。主要选择学生附近的几个红绿灯路口，对路人、学生进行问卷调查，采取随机抽查的方式。

2. 网络调查法。通过在某些网站上自制问卷，收集大家对学生上学闯红灯现象的看法和解决策略，广泛听取意见。

3. 深度访谈调查法。对曾经因闯红绿灯被抓的学生进行单独的访谈，深入了解学生的内心想法。

项目结果讨论

每一小组根据调查的情况，分析整理调查结果，根据调查得到的信息，制订对策。

项目评价反思

只要此项目顺利地进行，教师都应对学生进行表扬，因为本次的项目难度比较大，对于学生的应变能力、与人交际能力要求很高。学生能够通过合作完成本次的调查项目是非常不容易的。当然，也得通过每一个小组的调查成果和策略编写来进行个别的奖励。

一、 策略一： "三心" 合璧， 所向披靡

对于多数调查者而言，都希望调查过程一帆风顺，尽快得到所需信息。此时，需要调查小组在加强团队合作的同时，必须注重"三心"。所谓三心，即细心、诚心、专心。在进行项目调查时要细致地观察，诚心诚意地询问，专心致志地倾听记录。

（一）金石为开——诚心

很简单，要打消被调查者的疑虑，与他们拉近距离，就必须要"诚心"。如果学生在进行项目调查的过程中趾高气扬，目无尊长，多数情况自然是没有什么调查效果。必须时时刻刻记住以诚为本的基本原则，[①] 只有以热情诚恳的态度对待被调查人群，使用亲切平和的语言表达自己的调查需求，才能获得被调查者的"心里话"。另外，值得提醒的是，不论被调查者反映什么意见，我们都不能当场与其进行争辩。哪怕自己对其所反映内容有所质疑，也要奉行"君子和而不同"的宗旨，先记录下来，回头再进行讨论筛选信息。

（二）铁杵成针——专心

在利用项目进行调查时，必须"专心"。[②] 与调查者对话、接触要有专心的神态，不轻易被外在环境所打扰，切忌东张西望，心不在焉。这样才能与被调查者加强互信，将调查持续下去，更好地赢得人气和信息量。如果有必要，学生可以通过身体语言、表情动作等非语言行为，比如，眼睛、姿势、

---

① 翟峰. 谈调研中走访群众的技巧 [J]. 领导艺术，2000，(2)：31-32.
② 翟峰. 谈调研中走访群众的技巧 [J]. 领导艺术，2000，(2)：33-35.

表情，创设良好的调查氛围，可以适时地运用"对""是的"等简单的口语认同他们的陈述，使被调查者感受到你在专心聆听他的意见。如此一来，学生不单单能很好地获取调查信息，同时养成专心聆听的习惯，使他们的交流沟通能力不断增强。

（三）火眼金睛——细心

人与人交往，应该学会察言观色，事事细心留意。中国人有这样一句话："万事皆有道可寻。"学生在调查式项目学习中想要有所寻，必须谨记"细心"二字。在项目调查过程中的"细心"其实就是细致观察，仔细聆听。具体包括：调查时要环顾周边环境，做好记录。对于人物的访谈调查或简单的询问调查，要善于观察被调查者的穿着打扮、形体相貌、性别、年龄，甚至包括其回答的面部表情、具体动作等。另外，观察是立体的、全方位的，而不是平面的、单一的，虽然人从外界得到的信息约有 80% 来自视觉和听觉，但还有 20% 左右的信息需要用其他感官去感知，如果有条件，教师可以在调查式项目教学中调动学生触觉、味觉等多方面的感官。

二、 策略二： 三大准备， 未雨绸缪

常言道："凡事预则立，不预则废。"任何事都要有所准备、未雨绸缪，否则我们会发现许多活动安排没有保障，甚至会影响正常进行。调查式项目教学活动也不例外，它通常需要在确定调查项目主题的基础上，分别进行知识的准备，方案的准备，组织的准备，才能确切地保证项目调查顺利进行。

（一）知识准备

假设连调查项目的主题、内容、要求都不了解，何谈很好地开展调查活动？所谓做好知识准备就是在开展调查式项目教学前，小组做好分配任务，多角度地提前了解项目内容。比如在"了解冬瓜的生长"这一调查式项目教

学活动中，小组要提前从图书、网络等多个渠道了解关于冬瓜生长的知识。只有具备一定的知识储备，才能很好地进行问卷的制订以及问题的预设。如果调查方式是访谈，除了要了解被访谈人物的背景知识以外，还要对他的人生事迹有所了解。

总之，学生对调查项目了解的知识越多，就越容易投入调查，所得信息量也会越多。

（二）方案准备

"磨刀不误砍柴工。"准备工作是相当重要的。在调查式项目教学中，一旦缺少了方案的准备，就会发现很多事情都没有条理，更没法照常开展。调查工作既要有阶段性，又要有连贯性，因此在方案准备过程中，我们必须把项目过程有计划、有步骤、分期和分阶段地考虑周全。

（三）组织准备

每一项目的工作任务都不是分离、孤立的，而是互为补充，相互配合的。通常情况下，我们建议对每一项调查任务都配置两个学生左右，各任务之间要保持一定的联系和沟通，设定这样的架构，是为了在陌生环境的调查过程中起到相应的配合和协调的作用。不难理解，要想提高小组的调查效率，加快项目完成速度，必须加强个人、小组和班集体之间的协调工作。建立健全调查式项目责任制度和检查制度，使整个教学过程有领导、有组织、有计划和分期分批地进行，并且贯穿学习全程。

三、 策略三： 目标引领， 组织实施

毋庸置疑，具体做任何事情除了有态度和准备以外，最重要的是做好实施。如果我们认识到实施在调查式项目教学中的关键地位，就不应该忽视对实施过程的基本规划，其中需要掌握实施的基本环节：精选主题，获取材料，

分析信息，总结问题。

（一）思前想后，精选主题

在中小学开展调查式项目教学首先要考虑其可行性，调查主题的可行性不仅取决于学生的兴趣和能力，更多地需要考虑调查主题本身和所需的条件。关于调查主题本身，我们建议，尽量参考中小学各科教材，如此一来，比较容易确定范围和调节难度。当然，除了调查主题本身的难度之外，还有调查条件、调查方式等方面的限制，包括人力、物力、财力上不足，学生认知水平，操作能力差异等。另外，每一个调查的问题都往往涉及很多因素，因此，一旦确定相关调查项目主题，必须要尽快召集小组人员进行讨论，把握主要调查内容，避免在后面的调查中出现"跑题"现象。

（二）投身调查，获取材料

一般来说，学生涉世不深，社交经验比较缺乏。在与陌生人进行交谈过程中，容易出现害羞，胆怯等现象，比较缺乏与人沟通的技巧。[①] 此时，教师应告诉他们，胆量和技巧都是锻炼出来的，要大胆尝试，超越自己。如果有必要，还可以对相关学生进行单独的培训，尽可能地增强学生的信心。

最后，小组内部要团结协助，以顽强的意志克服调查过程中的重重困难，以青少年的热情赢得受访者的支持与配合，以成功获取调查材料。

（三）分析信息，有所感悟

在分析调查信息和材料中，首先需要对信息进行整理，按调查的目的进行分类，并且使其条理化，尽可能地做到以集中、简明的方式反映调查的总体情况。

---

① 苏秀芳. 社会调查活动在化学专业中的实施探索 [J]. 高教论坛，2008，(6)：89—90.

在分析信息的时候，要鉴别和比较信息的价值和差异，去粗取精，去伪存真。在此基础上再进行信息的收录；在充分掌握大部分信息资料的情况下，小组运用"头脑风暴"的方式对材料进行进一步的分析、综合、归纳，直到得出全面、科学的调查分析结果，共同探索出调查问题的本质和规律。

第三节　调查式项目教学的经典课例

中小学生的操作能力不算很强，项目调查不能搞"高、大、上"，否则难免会让学生产生厌倦，失去调查的好奇心和动力。我们不妨让学生尝试进行一些简单的"人物访谈"调查，鼓励他们在完成调查项目任务的同时，学会与受访者交流，在访谈过程中做到抓细节，抓特点。学生最好还可以通过对受访者调查了解后，对比认识自己，达到以人为镜的效果。

一、　经典方案

班会活动——访谈"小嘉宾"

项目背景

新学期，刚升上初三的学生都感到非常迷茫，教师特意请来了往届比较有名的师姐师兄回校，希望给学生讲讲他们以前高三的经验和心得。但又考虑到每个同学想知道的内容有所差别。所以教师最后决定开展一次以访谈为形式的调查式项目教学。

项目目标

1. 了解访谈的基本流程，完成访谈总结报告。

2. 能够通过访谈问题很好地表达出自己的疑惑，透露自己的心声，在访谈中释放自己。

3. 从访谈对象中得到启示和帮助。

项目实施

1. 教师事先给每一小组分配一访谈对象，为学生提供访谈对象的基本联系方式和资料。

2. 各队员明确各自任务，约定好访谈日期，访谈地点，行程安排。

3. 讨论好访谈要点，拟写访谈提纲。

项目成果

1. 小组讨论交流访谈调查情况，互相补充。同时把小组同学共有的访谈问题和成果集中起来，以待进一步讨论。

2. 班级讨论，师生共同分享访谈成果。教师让小组的代表向全班介绍他们的访谈，教师适当为他们进行补充，加深学生的理解认识。

3. 教师通过联系每一个小组的访谈成果，引导学生理解这次访谈的意义，让学生认识每一个访谈者之间的内在联系，更好地向学生揭示他们取得成功的共同之处。

二、 实施方法

(一) 提纲艺术

访谈提纲要求写于正式访谈之前，它是访谈成功的基本保证。如果缺少访谈提纲的设计，是难以在正式访谈中完整无缺地把所需内容访谈完毕。

为此，设计科学实用的访谈提纲，我们要特别注意做到以下几点：第一，紧扣访谈项目要求，明确提纲内容范围。只有充分了解访谈项目要求，才能把相关的内容纳入到事先拟定的访谈提纲中去，以便进行有步骤的提问，这样获得的信息比较系统。第二，预先了解受访人个人资料，比如他的一些经历，有着怎样的性格等，正所谓"知己知彼，百战不殆"。第三，按类别整理访谈问题。最好能够按由浅到深的顺序进行排列。最后，需要谨记的是，问题的设计是需要环环紧扣的，切忌把相关的内容切割分散。

（二）提问艺术

学生访谈之所以不够奏效，主要是因为他们并没有耐心学会提问，所以，也就没法保证访谈的有效性。我们如果认真学习提问的艺术，将有助于获得良好的访谈效果。

提问主要有两大思路，第一条思路：开放性提问，指的是提出比较概括、范围较大的问题；对答案限制不严格，给受访者以充分自由发挥的余地。这样的提问比较宽松，常用于访谈的开头。① 但由于过于松散和自由，难以深挖信息。

第二条思路：封闭性提问，是指提出答案有唯一性、有限制的问题；答案内容有一定限制，提问时，给对方一个框架，让对方在可选的几个答案中进行选择。② 这样的提问能够让回答者按照指定的思路去回答问题，更容易搜获信息。但封闭性提问的使用不宜过多，以免约束受访者的思维。

除了两大思路外，还应该把握基本的提问技巧，如在表述上要求简单、清楚、明了、准确，并尽可能地适合受访者。另外适时、适度的追问也十分重要。③

（三）应变艺术

在访谈的过程中，难免会遭遇到一些突发情况。如被访者临时有公事需要处理或接听电话。此时，访谈者在继续访谈时首先对所问问题进行重述，在时间允许的情况下，最好再对受访者已回答的问题进行一遍回述，以便受

---

① 开放式提问[EB/OL]. [2014－12－12]：搜狗百科，http://baike. sogou. com/v7614008. htm.

② 封闭式提问[EB/OL]. [2014－12－12]：搜狗百科，http://baike. sogou. com/v56404755. htm.

③ 杨威. 访谈法解析［J］. 齐齐哈尔大学学报（哲学社会科学版），2001，（16）：115－116.

访者尽快进入状态，整理思路回到访谈中来。再如，遇上受访者思考时间过长出现冷场的时候，学生可以通过举例引导或及时转换话题等方式打破僵局，避免访谈气氛的尴尬。总之，在进行调查式访谈过程中要随时做好随机应变的准备。

第四节　调查式项目教学易出现的问题及解决方法

在大力倡导创新教育的今天，各种教育新思潮、新方式、新手段不断涌现，调查式项目教学即是其中一种。这种教学方式有利于培养学生的开放思维，激发他们的求知欲，培养学生质疑探究的精神。但经过实践发现，调查式项目教学在实施过程中会出现一些局限性，需要加以克服。

一、调查对象主观性误差

调查式项目教学是开放的，具有巨大的发展余地，每个学生都可以畅所欲言。在前面提到，中小学调查的场地最好设在学校以及附近，对象以同校师生为佳。但如此操作是不是就能保证调查的顺利实施呢？实践发现，在学生群体间进行调查，容易出现数据主观性较大的问题。

（一）虚荣心作怪

虚荣心是一种追求虚荣而使自己获得别人尊重或被别人羡慕时产生的自我满足心理。在中小学阶段，学生往往对于荣誉特别重视，有时为了顾全自己的面子，不惜弄虚作假。如我们在前面提到的"调查做家务项目案例"，有不少的学生为了避免受到伙伴的嘲笑或讨论，大多回答自己在家常做家务，直到被身边的熟人揭穿后，才低头离开。如果这种风气普遍弥漫，一方面，会极大地影响调查的结果，另一方面，不利于学生的成长发展。过多地通过弄虚作假的手段来满足虚荣心，会让学生逐渐迷失自我，没法认识自身的不足，更没法谈纠正错误，改善自我。

（二）人云亦云

由于近年学生的学业压力负担越来越大，大部分学生都生活在一种受约束的环境中。现代心理学认为，长期处于该状态，容易导致儿童思维堵塞，反应迟钝，心境封闭，缺少创造力。在对学生进行开放性调查的过程中，我们常常会发现一种"羊群效应"，也就是头羊往哪儿走，羊群就往哪儿走。大部分学生在受调查时，很少表现出自我的独特见解，大多跟从大众意见和行为。出现这样的情况，作为教师、家长都应作自我反省，是否在平常的生活学习中，较少听取学生的意见，学生的真实想法是否得到有效的自由表达。只有在日常生活中，多注重学生的思维训练，多聆听学生的见解，才能改变人云亦云的风气。

（三）利益驱动

俗话说，"利之所在，其微必争"。由于某种利益驱动，往往会出现一些被调查者因重视利益，而背弃了真诚参与的原则。① 虽然在中小学的人群中，较少出现"金钱"的恶性诱惑，但由于学生的是非观还处于发展阶段，比较容易受到动摇，难以坚守自身立场，一些小礼物或小便宜就会让学生轻易改变主意。在这种情况下，就特别需要教师的教育，让学生知道一旦参与调查，接受了调查，就应该做到诚实、客观、公正，一起营造良好的调查环境。只有这样，才能体现调查式项目教学的初衷。

二、调查结果真实性考虑

"真实性"是调查式项目教学的关键，如果没有"真实性"作为支撑，那

---

① 宫春子. 论市场调查误差的产生和减少 [J]. 吉林财税高等专科学校学报，2001，（1）：48—51.

么调查式项目教学就是"空中楼阁"，虚无缥缈。在实施调查式项目教学时，影响调查"真实性"的主要有以下三大因素。

（一）调查设计是否科学

调查设计在调查式项目教学过程中居于关键位置，这可能是学生在操作过程中容易忽略的一部分。科学合理的调查设计必须具备以下几点：一是有明确的调查对象，如年龄阶段，性别，职业身份等。二是问题设计结构要严密合理，切忌模棱两可，让人费解。另外，尽量避免出现敏感尖锐的问题，使被调查者不敢答、不愿答甚至胡乱作答，影响调查真实性。三是调查综合分析的设计，对调查数据分析工具的选择运用以及技术的掌握都必须在考虑之内。

（二）调查过程监督是否到位

在确定调查方式的同时，小组应制订相关的监督制度，小组人员相互监督调查工作，保证调查过程符合要求。另外，组长应该亲自督导，一方面指挥各成员尽快完成相关工作；另一方面加强对调查区域的巡视，一旦发现虚假调查的行为，马上进行纠正教育。到位的监督检查，可以及时发现调查过程中的薄弱环节，纠正调查缺陷，减少行为偏差，还能加强调查式项目教学的规范和自我完善。

（三）信息收集方法是否合理

调查信息的收集是一个难题，很多学生都比较习惯使用单一的收集方式，以至于调查效果不理想，也影响了调查的真实性。对于复杂的调查项目问题，我们除了采取简单的问卷调查、观察调查外，还可以抽样进行个别的深度访谈调查。有时在进行实地调查的过程中，在有条件的情况下，除了拦截调查外，还可以进行入户调查，以获取更为深入具体的信息。

第六章　负重深蹲：任务式项目教学

在项目教学中，设计学习任务是促进知识意义建构的重要途径。基于项目的学习任务是高级思维的"磨刀石"。通过富有挑战性的学习任务设计，基于项目的学习任务可以为学生提供学术性支持、认知性支持和人际性支持。教师在整合了项目内容后给学生设定一项任务，这一任务应该是可行的和有趣的，并具有一定的挑战性。

任务式项目教学将任务作为学习的导向，其任务设计对学生而言，需要考虑探究的内容、学生的特征、学习的资源，以及行为性、目标性或生成性，要具有渐进可导引的过程，以便达到预期目标。

第一节　任务式项目教学的操作方案

谈到中小学项目教学法，我们不得不提及运用范围最广的任务式项目教学法。任务式项目教学是建立在任务的基础上，把教学内容蕴涵其中；促使学生通过任务的实现，从中掌握知识的一种教学方式。任务式项目教学的类型较多，主要有两种。

一、 任务式项目教学主要类型

（一）信息差任务式项目教学

在任务式项目教学过程中，小组完成任何一个项目任务，都需要扩大自己的信息量，特别是在任务组成比较复杂的项目课堂上。因此，信息差任务起到了关键性作用。[①] 信息差任务强调学生双方通过自主学习、独立探究，各自拥有不同的相关信息；为了完成某一项目任务或解决某一项目问题而进行双方的信息的交换。设计信息差的任务，实际上是学习者进行信息差互补的一种交际活动，即交际双方都想从对方那里获取未知信息，达到信息差的平衡，更好地完成某一任务。

这种类型的优点是学生能够更容易地在有限的时间内完成复杂的任务项目，达到教学目标要求。另外，学生间密切的互动交流，可以培养他们之间的感情，形成良好的学习氛围。

（二）问题性任务式项目教学

在问题性任务式项目教学中，提出问题任务和解决问题任务，教学以解决问题任务为主线，引导学生敢于思考，相互合作。问题性任务式项目教学的优点是不但创设了问题情境，帮助学生积极投入学习；而且通过问题性任务的有效解决，提升学生的自信心，让他们获得更多的学习成就感。

这种类型的不足是问题性任务的设定要求往往较高，教师需要花费大量的时间和精力整理较多的资料，并要对其进行选取、分割与细化等工作。

---

① 赵素君. 高职英语教学中的信息差任务 [J]. 考试周刊，2012，(84)：104—105.

二、 任务式项目教学操作原则

(一) 项目环境"教、学、做"一体化

在社会快速发展的今天,教学内容越来越不受限于单纯的理论知识。任务式项目教学需要建立"教、学、做"一体化的教学环境,以吸引学习者的注意力和提高学习欲望。

在"教、学、做"一体化的环境中开展任务式项目教学作用表现为两方面。第一,知行合一,即理论知识的学习与实际运用操作紧密结合。力求每个理论知识都能在任务项目实践中得到体现运用,达到学以致用的教学效果。第二,培养教师"双师"素质。"双师"素质指教师既具备专业理论知识,又要具备熟练的操作技能和丰富的实践经验。① 教师按照"教、学、做"的标准训练自己的教学能力,能够有效地提升自己,真正做到教学相长,共同发展。

(二) 项目过程以"任务"为主线

任务式项目教学的关键是以任务驱动为主线。把所需知识融合在任务中,通过任务项目拆分,排序,逐步引领学生循序渐进完成每一个子任务,最后达到掌握知识、获得技能的效果。这种原则的好处有三:一是明确性强,以清楚明确的任务为主线,能够让学生更为清晰地把握项目内容和要求。二是可以直接通过任务的完成度评价教学效果。三是训练学生灵活应变能力。任务式项目教学不是单纯的讲授式教学,它要求学生在掌握理论知识的基础上,运用知识完成任务,这一原则能极大地检验出学生的知识运用能力和灵活思考能力。

① 宋苗苗,杨坤平. 高职院校"教学做"一体化教学模式的研究探讨与实践 [J]. 福建电脑,2011,(7):198−200.

（三）项目以"具体实用"为中心

在设计项目内容时，我们要注重项目任务的具体性和实用性。按照人本价值的理念，任务式项目教学需要整合和协调各方面的资源，力争向学生传递关于所需知识的具体要点和实用性能。

任务式项目讲究具体性可以让学生更好更快地全面认识任务的操作过程。除此以外，学生逐步深入探究具体任务，能够提高对所学知识的感悟理解，从而更好地整理知识的系统性，构建完整的知识结构。

任务式项目的实用性通过以下三点得以表现：第一，教学法具有综合性和跨学科性；第二，具有团队性和真实性；第三，具有参与挑战性。这是培养学生实用能力的最有效途径，其目的是在有限的时间内将学生的理论知识和技能训练有机结合在一起，达到学以致用的教学效果。

三、 任务式项目教学方案介绍

（一）层次任务式项目学习

层次任务式项目教学往往能在激发学生思维的同时，满足不同程度学生的学习需要。在任务式项目教学中采取分层的手段，需要在了解学生实际学习情况的同时，寻找合适的教学内容，并注意利用分层评价方法来反映学生的真实变化。

说明文的初步认识

步骤一：设置项目目标

目标一：全班同学熟悉了解说明文，懂得分辨说明文。

目标二：大部分同学能够基本了解说明文基本特征，少数同学能掌握利用说明文特征，灵活应对题目。

步骤二：分层任务安排

课前项目预习——

层次一任务：熟读教师挑选的几篇说明文。

层次二任务：熟读教师挑选的几篇说明文，画出几篇文章的相同之处。

课堂项目任务——

层次一任务：分组讨论各篇，派代表回答说明文的说明对象，即文章说明了什么，归纳两点说明文的特征，即说明对象的特点；说出文章大部分的说明内容。

层次二任务：分组讨论各篇，派代表回答说明文的说明对象，即文章说明了什么，归纳大部分说明文的特征，说出文章全篇的说明内容。

扩展项目任务——

层次一任务：每个小组挑选至少一篇说明文，讨论该文的说明对象、说明特征、说明内容，并做成表格形式，展示任务成果。

层次二任务：每个人挑选一篇说明文，思考该文的说明对象、说明特征、说明内容，并做成表格形式，展示任务成果。

步骤三：成果展示

学生上交所有的说明文表格，先由教师选出较好的十份，再由该十份的代表小组或个人，向大家讲述经验，最后由学生投票选出最好的三份成果。

步骤四：分层评价

教师根据学生的整个过程，进行各方面评价，寻找不同层次学生的闪光点，并及时指出他们不足的地方。对每个层次的任务完成都尽量进行表扬，增强学生自信心。

1. 难度分层导入

任务在任何时候都显得非常重要。为了让层次任务式项目教学达到最佳效果，需要花大力气设置不同难度的任务，力求协调差异，共同进步，既符合学生的实际探究水平，又能增强他们的学习成就感。

一般来说，同一班级，学生掌握知识的程度存在明显差异。^① 教师要想充分调动学生积极性，让每位学生学有所成，就应该设计有梯度的项目任务，让学生能够通过不同难度的项目任务提高自我，这样真正落实因材施教，学生才能在整体上获得进步。

2. 学生分层评价

评价对于学生来说，是一项比较重要的信息，它可以描述学生在学习过程中的表现；发现其优劣势，帮助他们更好地认识自己，改进自己。

分层任务式项目教学评价大致可以分为三类：优秀学生的评价、一般学生的评价及较差学生的评价。^② 对于优秀学生的评价，我们主要采用"竞争评价"，除了评价学生的优良之处外，更多的是坚持高标准、严要求的评价方向。对于一般学生而言，我们主要采用"激励评价"，为学生指明不足之处，鼓励学生积极探究问题，增强他们解决困难的自信心。最后，对于较差的学生，应采用"表扬评价"为主，寻找他们的亮点，肯定他们的点滴进步，消除其自卑感，逐步恢复他们的学习积极性。

(二) 情景任务式项目学习

在情景任务式项目教学的任务导入阶段，仍然要考虑学生的兴趣和接受能力，多数还是以日常生活情景、趣味情景的设计为佳。因为只有这样，情景任务才不会显得深奥、难以理解，才有利于学生参与到项目教学中来，培养学习能力。

情景任务式项目教学蕴藏了以学生为中心，以教学情景为载体，以项目任务为主线的丰富内涵。基于这种理念，我们在开展教学时，就不能单纯地采用传授方式给学生灌输知识，而是要在情景中激发求知欲，从任务中探索问题。

---

① 刘晓燕. 分层任务式教学模式在初中数学教学中的探析 [J]. 数学学习与研究，2014，(10)：46—47.

② 陈菲. 分层教学中的分层评价 [J]. 北方文学，2012，(2)：190—191.

英语情景任务式项目教学①

步骤一：项目目标

掌握有关"销售"的基本句型；

培养学生口头表达能力；

加强合作学习，自主学习能力，养成良好学习习惯。

步骤二：预备任务

搜集与英语商店销售项目相关的材料，并分类整理。该步的目的是激活学生该话题心里已有图式。为完成下面的任务项目作准备。教 Section C 时，教师在上次课结束之前，给学生布置课前任务：collect related after-sales service information online before class and share ideas with each other in class. 学生利用课余时间，自己独立或与同学到图书馆收集关于商店服务方面的信息，并制作成 PPT，在下次上课时，以备同学之间相互交流之用。

步骤三：创设情景，引入任务

学生展示收集信息，交流分享收集的资源；教师围绕当前学习情境（商店销售服务），利用网络资源创设出形象鲜明的投影图片，辅之生动的语言，并借助音乐、图像等艺术感染力，呈现与话题相关的背景知识（或语境），努力营造和谐的或令人振奋的情感氛围，让学生感知情景表象，激活学生的相关图式知识从而使学生处于积极、亢奋的心理状态之中通过情景自然提出（或导入）当前堂课的学习任务和要解决的问题。上课开始后，教师首先播放一段顾客退货的英文视频引出课堂要完成的情景任务：

任务一：假定你是一名商店销售服务人员，顾客不满意商品的质量，要求退货，用所学短语，词汇，句型模仿顾客和售后人员对话（口语活动）。

任务二：学生讨论，评定任务一的对话情况，指出问题，并提起修改意见。

---

① 肖德钧. 基于能力和素质发展的高职"七步"教学法探讨——以项目—情景—任务为视角 [J]. 常州轻工职业技术学院学报，2011，(1)：40—45.

任务三：教师播放其他英文视频，通过视频激发，学生任选关于商品销售的某一角度，以小组为单位，写出一篇对话形式的文章。（写作活动）学生按教师布置的任务或提出的问题，小组内部进行任务分工，在规定的时间内，独立自主地去阅读资料（包括文字材料、书籍、音像资料、CAI与多媒体课件等），归纳整理独立思考，构建知识等。该步骤主要是培养学生快速获取信息和处理信息的能力和研究性学习能力。最后，每组推选代表准备在全班汇报。该步骤有益于培养学生的语言交流能力和培养合作能力。

步骤四：成果报告

学生们一起共同准备小组成果，此时，教师作为一名监听员或观察员，关注学生的情况，必要时给予指导。鼓励学生陈述观点，鼓励学生互相启发，完善补充，共同提高。该步主要是培养学生语言组织和表达观点及信息处理归纳能力。

步骤五：分析与评估

教师在学生互评的基础上对学生的学习成果和完成任务情况进行点评。指导学生进行修改。

1. 创设情景，强调体验

问题情景必须具备，否则情景任务式项目教学就变成了与普通教学差别不大的一个教学手段。任务式项目教学中的问题情景原则上必须注重趣味性、质疑性、开放性及挑战性。这不仅会让教学精彩纷呈，而且有助于学生萌发好奇心，以及引起学生一定程度的体验。

2. 任务驱动，探索思考

有不少项目教学需要利用任务驱动，情景任务式项目教学也不例外。此教学的实施，需要合理安排教学内容，并巧妙地把教学内容隐含到任务中。同时，教师要注意角色转换，让学生成为课堂的主体，在任务驱动下培养分析问题和解决问题的能力；教师在合适的时机才能进行从旁指导，帮助学生更好地完成任务。

3. 言、行、情三者并行

在情景任务式项目教学中，学生经历了讨论任务，探究思考，培养情感的过程，最后实现知识与技能、过程与方法、情感态度与价值观等全面发展。这一系列的成果都有力地印证了"言、行、情"三合一的价值。

在情景任务式项目教学中，教师有目的地引入或创设具有一定情绪色彩和形象的生动具体的场景，除了引起学生的学习注意力外，更多地也是为了让学生在情景任务中做到言、行、情，三者并行，① 更好地表达自我，投入实践，培养良好的学习动机和态度情感。

第二节　任务式项目教学的实施策略

作为实施任务式项目课堂的教师，我们当然希望学生能在课堂上充满对学习的热情，积极投入任务项目的操作中去。此时，充分设置任务情景，着力提高教学趣味性，平衡教学差异性；最后在不知不觉中吸引学生的注意力，能够推动学生的学习参与性，加快任务式项目教学实施进程。

书 信 写 作②

步骤一：项目背景

母亲节、父亲节就快到了，教师为了让学生学会感恩父母，特意安排了一次任务式项目教学课堂，以"写给爸妈的一封信"作为主要任务。课堂的目标是使学生了解、学习书信的格式，掌握书信写作的范式并能通过书信写作表达对父母的感恩之心。

步骤二：任务分解

---

① 肖德钧. 基于能力和素质发展的高职"七步"教学法探讨——以项目—情景—任务为视角 [J]. 常州轻工职业技术学院学报，2011，(1)：40—45.

② 张虹. 任务教学法和案例结合在商务英语教学中的有效实践 [J]. 职业时空，2013，(2)：100—101.

把总任务分成四个具体而简单的小任务：①明确书信通常由哪几部分组成。②了解每部分具体包含什么内容。③明确每部分具体格式是什么。④在教师引导下观察书信的文体特征，学习书信写作的表达方式。

步骤三：讨论任务

以组为单位围绕步骤二中的四个任务进行讨论，最后把结果向全班汇报，教师把各组汇报结果进行点评总结后，向学生讲解完整的组成部分、正确格式并指出文体特点，让学生了解和掌握完整的书信范式。

步骤四：制作成果

将学生分成若干小组，鼓励他们根据所掌握的书信写作技能，完成"写给爸妈的一封信"的任务。

步骤五：成果评价

教师针对本次任务式项目教学过程进行评价，对总体的完成情况以及学生的表现提出建议。

一、策略一：任务设计情景化

任务设计是教师在开展任务式项目教学过程中经常规划的内容。在任务中渗透情景因素，旨在激发学生对任务的兴趣，帮助他们理解任务，开阔思路。具体有以下几点可以实现任务情景化：一是展现生活情景，二是开发趣味情景，三是补充言语情景。

（一）展现生活情景

之所以要在生活情景的环境下设计任务，是为了充分利用学生对现实生活的熟悉，加强学生对任务的接纳程度。任务式项目教学提倡任务应贴近学生生活，符合学生认知特点，激发并保持学生的学习兴趣。

一般情况下，项目任务的情景越贴近生活实际，学生操作效率就越高。因此，教师应尽可能地将项目任务与生活情景有机结合起来，转化为学生看得见、摸得着的情景；体会蕴涵在生活中的知识，感受学习的实际价值。[①] 如在小学数学"认识人民币"这一课时中，教师即可创设生活情景，利用购买的项目任务，加深学生对人民币的认识和数的加减。

（二）开发趣味情景

项目任务除了加入生活情景因素外，有时还可以呈现得更有趣、更出彩。实际上，过去往往将项目任务讲得过于深奥或严肃，如果将项目任务开展的方式适当做些变化，甚至制造亮点和乐趣，也许就会很出彩。

教师可以在项目任务中植入多媒体情景、实验情景、游戏情景，让相对枯燥任务活泼出来，自然会使项目任务表现出生动、多彩、声情并茂的新魅力。

（三）补充言语情景

除了以上两种方式以外，在创设情境化任务时往往不能忽略教师的言语作用。不论是通过图片、视频、音乐，还是对话创设情境，都需要教师在这过程起补充强调的作用。比如，上文所述的"认识人民币"一课，教师除了创设情景外，还需时刻留意学生的变化，偶尔通过言语强调情景内容，引导学生尽快进入情境状态，加快任务操作进程。

二、 策略二： 项目设计趣味化

教育家赞可夫说："学生积极的情感，欢愉的情趣，能使学生精神振奋，思维活跃，而消极的情绪则会压制学生的智力活动。"如果教学手段能灵活多样，学生的积极性能饱满一些，课堂的气氛能轻松一些，也许，任务式项目教学就会很有趣。

---

① 柳桃珠. 小学数学利用生活情景教学策略浅议 [J]. 吉林教育，2010，(5)：57—58.

（一）新颖教学手段，保持新鲜感

要抓住学生注意力，就得先给学生一个充满新鲜感的课堂。学生总喜欢在充满乐趣的环境中学习，这其实是告诉我们，任何教学都要具备新颖的教学手段，特别是在任务式项目教学中。

在任务式项目教学中，教师可以将学生在课堂上完成的项目成果以绘画、表演、演讲、辩论、实验等新颖方式展示出来。这样可以活跃课堂气氛，改变呆板单一的课堂模式，同时可以从多方面加强学生对项目的理解，制造机会让学生表现自我，培养自信心，甚至可以发掘学生在绘画、表演等其他方面的才能。

（二）积极讨论交流，增添新思考

在理解项目的目标及要求的基础上，任务式项目教学需要学生在明确的任务环境下，与其他同学一起讨论，交流，增添新思考，找到新思路。

学生是教学中十分宝贵的人力资源，[1] 课堂上的乐趣离不开学生的参与。如果你能调动学生尽可能地投入到项目任务的讨论中，明思细辨中，你就是营造课堂乐趣真正的高手。

同一班级的学生，在知识结构、智慧水平、思维方式和认知风格等方面都存在很大差异。借助于任务式项目教学的平台，恰恰能让学生相互切磋，在思维智慧的相互碰撞中产生新的思路，激发出学习的乐趣。

（三）丰富语言表达，增强感染力

语言本身就是一种艺术，教师讲授任务式项目时，若能使用风趣幽默、生动形象的语言，那么定能创造出富有感染力的课堂，吸引学生集中注意力。

---

[1] 陈兰萍，贾淑云. 讨论式教学的研究与实践 [J]. 渭南师范学院学报，2001，(1)：74—77.

让学生在轻松、幽默的氛围中学习好处有二。一，教师可以提升个人魅力，促进师生关系发展。教师在项目教学上声情并茂，用引人入胜的语言，引导学生逐步完成项目任务，能够使个人魅力指数迅速上升，自然而然地拉近师生之间的关系。二，提高教学效率，学生在课堂上受激情澎湃的教师所感染，焕发出强烈的求知欲，在欢乐中激活思维、汲取知识，促使学习效率不断提高。

另外，值得注意的是，丰富的语言表达并不是随心所欲，信口开河，而是教师根据项目的需要，努力学习丰富的语言表达，打造属于自己的表达风格。

三、 策略三： 任务设计差异化

通常情况下，学生在思维能力，认知方式，情感态度等多方面都有所差异。学习的接受能力和适应能力也有高低之分，学习需求难以达成一致。如果我们要求所有学生在任务式项目教学中按照唯一的标准开展项目操作，必定造成许多不合理的现象，达不到较好的教学效果。因此，我们必须尊重学生间的差异，正视差异。如果条件允许，建议设立多层次任务，发展学生潜力。

（一）尊重差异，正视差异

根据加德纳的多元智能理论，作为个体，我们每个人都同时拥有相对独立的八种智能，正是这八种智能在每个学生身上以不同方式、不同程度组合，使得他们的智能各具特点，并出现了相对的优劣势智能领域。[①] 由此看来，学生的差异是不可避免的，教师应引导学生不应因某领域处于劣势而自卑，帮助学生在任务式项目教学过程中逐渐发现自己的智力强项和弱项，给予强项

---

① 加德纳. 多元智力理论［EB/OL］.［2014－10－10］；360doc，http://www.360doc.com/content/12/0426/11/9259363_206641779.shtml.html.

更多的展现机会，着力加强弱项的发展，使差异趋于平衡。

（二）任务分层次，发展差异性

任务式项目教学的分层我们在前面已经提及过，主要是根据学生的不同情况，分配不同层次的任务，做出不同的评价，目的是为了让每一位学生都能更好地在自身的基础上有所提升。但有一点值得注意的是，教师并不能过分强调等级层次，否则，非但不能因材施教，反而会严重打击学生的自尊心、自信心，甚至造成学生对自身定位的依赖性，不敢突破自己。对于学生的层次设定，只能是个暂时定位，教师应根据学生的发展变化，不断地调整这个层次，让优生不断提升，差生加快转化。

任务的分层次划分，主要能宏观把握整体学生，可以整合利用项目任务资源，这有助于避免认知水平高的学生难以发挥其能力，还可以让成绩较后的学生能够通过完成相对应水平的任务而取得较为合理的成绩，逐步提高学习的自信心。甚至可以为学生的个性发展、选择学习提供良好的教学环境。

总之，改变一刀切的教学方式，能够更好地在尊重学生差异性的基础上践行因材施教，让各种水平的学生学有所得，体会任务式项目教学成功的喜悦。

第三节　任务式项目教学的经典课例

任务式项目教学的策划必须明确，这是为了让整个项目教学有一个清晰的方向指导。不同阶段的任务式项目教学的操作安排会有所不同，通常分为任务式项目的前导阶段，任务式项目步入准阶段及任务式项目教学后续阶段。

一、经典案例

"礼貌待人"主题班会

步骤一：项目目标

由于初一的学生正赶上青春期，性格有所叛逆，在礼貌待人上大大不如从前。基于上述问题，教师决定开展一次以"礼貌待人"为主题的任务式项目教学。目的是为了强化学生礼貌意识，促进学生践行礼貌行为。

步骤二：创设情境

教师提前任务，要求学生准备有关"中小学生礼貌行为"的材料，包括儿歌、视频、图片、诗歌、演讲稿等等。在课前，教师一一展示学生准备的各类材料，让学生在听，看，赏的轻松氛围中投入到项目主题中去，在教学情景中引导学生感悟礼貌的重要性。

步骤三：任务驱动

任务一：以6个人为一个小组单位，分点指出视频和儿歌中谈到的礼貌行为。

任务二：每小组自由谈论中小学在生活中需要践行的礼貌行为有哪些？从家庭、学校这两个角度进行思考，15分钟讨论后，每小组派两位代表从这两个角度进行回答。

任务三：制订礼貌进程表，要求每个学生制订一表格，内容包括：对自己行为的反思总结，对纠正礼貌问题所采取的措施。

步骤四：成果展示

学生在完成任务后，必须要让学生展示自己的作品，让学生体验到完成任务后的自我价值的实现，与内心成功的喜悦。学生做的表格各有特色，心思缜密。检验出良好的教学效果。

步骤五：考核评价

每一组同学完成展示后，教师要及时表扬肯定和评价。评价时，可以先让同学们发表一下对作品的看法，然后由教师进行总结，此时，要注意评价以鼓励为主，不可伤害学生的学习积极性。教师着重点出学生存在的关键性问题，并给予适当的指导。

二、 实施策略

（一）任务式项目的前导阶段

任务式项目的前导阶段的主要目标一般有三类：选定合适的项目主题，呈现可操作任务，分配小组。对于中小学教师而言，根据教材设计任务式项目主题，并不是一件容易的事。教材内现有的主题并不是都能符合学生的兴趣，因而需要教师适当地做出调整和改造，使任务式项目主题既能激发学生的兴趣，又能与课本知识相融合。

在任务式项目教学中确定任务的方法有多种，但任务必须具备可操作性。要根据学生的能力水平进行任务的安排，除此以外，值得注意的是任务要能体现真实生活，能通过任务达到解决问题的目的。如果任务要求学生在有限的时间里背出一首诗、默写一篇课文，这不算任务式项目教学的"任务"。只有让学生在活动中解决问题的同时能达到项目目标，体现项目主题的任务才算是真正的任务。

关于分组合作，通常来说，大部分的项目教学都是由小组合作完成，任务式项目教学也不例外。学生自由组合，组成4～5个人的小组，每个小组内的成员角色由学生自己讨论来分配。

（二）任务式项目步入准阶段

任务式项目教学步入准阶段后的主要目标有两类：学生掌握研究方法、完成任务，以及整理项目知识、构建知识结构。

为了践行任务式项目教学的理念，可以通过任务驱动，让学生领略项目研究的过程①，积极主动地投身于发现任务、分析任务、解决任务的过程中去，最后达到获取知识、掌握技能、培养教学探索精神和提高创新能力的效果。

由于把任务式项目学习的理论知识分解到具体的任务之中，学生可能比较难把握知识的系统性、完整性。此时，学生应根据教师的引导，把头脑中零散的知识进行归纳总结，建立起知识间的联系，从整体把握所学知识。

（三）任务式项目教学后续阶段

任务式项目教学步入准阶段后的主要目标通常是对任务的完成进行全面、客观的评价。在完成操作任务的前提下，如果能对任务的重点或亮点进行提炼，则可以使任务式项目教学显示出更突出的价值。如果还能根据项目任务的特点以及教学的需要，设置更为合理的评价体系，做到既能考虑个人因素也能体现小组因素，则会使得任务式项目评价更显示出公平性与合理性。

第四节　任务式项目教学易出现的问题及解决方法

任务式项目教学强调以学生为主体，在培养目标的侧重上、教学设计上、实施要求上都与传统教学有较大的差别。因此，对于中小学师生来说，都是一项巨大的挑战。

一、任务目标的确定

在任务式项目教学过程中，若缺少了明确的任务目标，犹如航行大海的

---

① 赵晓乐，赵博. 走进研究型教学　走近创新素质教育［J］. 黑龙江教育学院学报，2008，（1）：31—33.

船只缺少罗盘。① 任务目标的确定往往能在支配和指导教学的同时，改善学生散漫、缺乏学习动力的倾向。

明确的目标，能使教师获得别人的信任和合作精神。这意味着良好的任务目标能使教师更顺利地开展任务式项目教学，另外，也有利于学生配合教师课程安排。不论对于教师还是学生，就其任务目标本身而言，它起着支配和指导教学的作用，也是教师进行教学设计的基本依据，确定了教师对学生所达水平程度的期望。

（一）任务发展性目标

维果茨基最早提出了"只有当教学走在发展的前面，这才是好的教学"。任务式项目教学的发展性目标指的是在改变传统教学过分强调知识传授，主张加强发展学生的个性，自主能力；以学生为中心，多角度发掘学生发展潜力的一种教学目标。

要通过项目任务促进学生的发展，可以利用以下两点措施：一充分考虑学生在任务式项目教学上各方面发展的特点，从多维性、多层次的方向考虑学生的差异性；对不同学生建立不同的发展目标，促进学生的个性发展；力争每一个学生都能在任务式项目教学上感受成功的喜悦②，并能在原有水平上有所发展。二根据"最近发展区"的理论，在设定任务目标时着眼于学生的最近发展区，为学生提供有难度的内容，增加学习挑战性，让学生"跳一跳"发挥其潜能，更好地完成发展性任务目标。

（二）任务过程性目标

任务式项目教学倡导"立足过程，促进发展"的教学理念。所谓过程性

---

① 吕静华. 教学目标的确定［EB/OL］. ［2014－12－12］: 缙云教育，http://www.zjjyedu.org/n10392c31.aspx.html.

② 刘诗研. 发展性教学对我国课堂教学改革研究及实践的影响［J］. 北京科技大学学报，2005，（21）: 56－58.

目标，即在任务式项目课堂上，以学生的"经历""体验""探索"过程作为目标，全面了解学生的发展状况。①

强调过程性目标，往往能让学生在表现良好学习行为的同时，养成较好的学习态度与学习动机，不再单纯为完成项目任务、获得分数而参与活动。任务式项目教学的过程性目标需要教师对项目活动过程的观察，及时指出学生的不良学习行为，引领学生自我诊断、反思。过程性目标不仅对学生的学习质量水平有所要求，更强调学生操作项目任务的过程性成果。

二、 任务难度的设计

不少教师在看到名师的任务设计后，也想自己设计的项目任务有同样的价值，但可能会觉得自己难以把握任务难度这一关键步骤，且受影响的因素过多，因此，自信心不足，不敢轻易行动。实际上，完全可以预先准备周全，采取应对策略。

总的来说，除了学生临时的变化情况外，教师应着重考虑以下几点设计任务的注意事项：一是根据学生水平处理好任务体现出来的复杂信息，二是多培养学生的任务交际能力，三是为学生争取更多的条件支持。

（一）任务信息复杂性

如果任务过于复杂，就会比较容易出现学生积极性不高，而难以顺利完成项目任务的情况。② 基于对任务复杂性设计的考虑，我们首先要对任务的信息进行分析。任务包含的信息如果符合学生的现有水平，学生一方面很容易理解项目任务，另一方面有信心参与到任务操作中去。当然，如果能做到任

---

① 刘长凤. 浅谈如何构建多元开放的过程性学习评价体系 [J]. 新课程导学，2012，(1)：86-87.

② 郑秋秋. 高中英语任务型阅读活动课堂教学模式与案例分析 [J]. 课程·教材·教法，2003，(12)：34-37.

务信息由简到繁，由浅入深，层层递加，任务的难度安排也会显得更为合理一些。

在任务信息合理化的前提下，如果教师能在任务过于复杂的情况下将信息的难点进行提示引导，则可以使信息复杂性降低的同时，显示出教师一定的辅助价值。

（二）任务交际压力

与传统的教学方式相比较，任务式项目教学方式的优势在于注重信息沟通，加强学生的自主学习能力。毋庸置疑，在任务完成过程中，每一位学生得到表现自我的机会的同时，培养了交际能力。尽管如此，在教学的初期阶段，极大部分学生表现出"不敢开口"，焦虑，发呆，注意力不集中等一系列不适应的反应。我们称之为"任务交际压力"。

不难看出，在长期的封闭式学习中，学生对任务式项目教学的开放性模式表现出极大的心理压力和情感压力，害怕与人交流，不敢表现自我，怯于犯错，导致参与的积极性不高。此时，需要教师耐心鼓励学生，调动学生积极性，多开展开放式活动，让学生逐步走出封闭的学习困境。

（三）任务条件支持

条件支持指的是在实施任务式项目教学的过程中需要的辅助支持。对于中小学生来说，主要的辅助支持包括图片、卡片、游戏、多媒体等。良好的教学条件支持，可以激发学生对项目任务的兴趣，有效提高教学效果。

任务式项目教学的分类很多，那么在学习时，要学生很好地做到每一项任务的实现，恐怕难度较大。用图片、表演等真实情景来引导学生理解任务的内容，分析任务的特点，相信大多数学生一定会对项目任务有更深的体会，那么任务操作起来就容易多了。

三、 分组合作的安排

对于任务式项目教学的分组合作安排是一件繁琐的工作，但你又不得不认真去完成，因为这是学生协作完成项目任务的前提条件。合理的分组安排需要注意做到以下几点，一是科学控制分组数量，二是均衡调整小组实力，三是根据学生共同兴趣、性格情感搭配小组。

（一）科学控制分组数量

为了让学生在小组讨论中保持讨论任务的热情，有足够的空间各抒己见，在小组分配时要注意小组数量和小组人数。

一般来说，中小学班级人数普遍在 50 人左右，分组适宜 6～8 人为一个学习小组，一共 6～8 个学习小组。[①] 如果小组人数较多，小组数量相对就少，讨论与探究活动的激烈程度与灵活程度就会降低，失去了分组学习的初衷与价值；小组人数过少，小组数量就会偏多，在教学活动组织中就会出现秩序的混乱，教师难以有效控制教学环境，对整个教学活动产生影响。只有在人员与小组数量都适中的班级，教师组织开展任务式项目教学活动时，才能够得心应手；反之，则会影响教学活动的顺利开展。

（二）均衡调整小组实力

为了小组间的公平竞争，需要均衡调整每一小组的实力。因此，教师在分配小组人员时，要对学生的探究能力、表达能力、思维能力进行充分认识和了解，以保证各组间同质，即各小组间水平基本一致。只有让学生感受到竞争的公平性，彼此小组处在均衡的水平上，项目任务竞赛参与的积极性和主动性才会有所提高，才能增强学生优胜的自信心。

---

① 史正宇. 浅议小学语文合作教学中的分组原则 [J]. 新课程（小学），2010，(8)：45—46.

（三）依据兴趣情感搭配

为了扩大小组的影响力，许多学者提出遵循组内异质的原则。当然，这种方式不仅可以让更多在学业成绩、性格、能力、兴趣等方面存在差异的学生相互学习，还可以让每一位成员各尽所能，达到小组利益最大化。实际上，一方面，对于每一小组而言，不同志趣的队员更容易碰撞出新想法、新创意；另一方面，对于整个班级而言，不同性格情趣的学生组合，更有利于教师管理。

第七章 舍我其谁：自主式项目教学

自主学习作为一个独具特色的课程领域被公认为我国当前课程改革的一大亮点。美国密执安大学的突特里奇教授认为，自主学习是一种主动的、建构性的学习过程，在这个过程中，学生首先为自己确定学习目标，然后监视、调节、控制由目标和情境特征引导和约束的认知、动机和行为，自主学习活动在学生的个体、环境和总体的成就中起中介作用。相应地，自主式项目教学在于激发学生主动学习的动机，其中项目内容选择、学习策略调节、学习时间管理等均由学生自主掌握，并对学习结果作出自我评价的教学行为。自主式项目教学是新课程改革所积极倡导的教学方式，已成为未来教学的趋势，强调主动性和实践性，它的主要目的是培养学生的主动学习的能力以及独立创新的能力。

第一节 自主式项目教学的操作方案

自主式项目教学是指教师给学生提供明确的项目任务，让学生独立思考并自主完成；学生在教师指导下，通过完成项目任务来掌握知识和获得能力的一种教学方法。自主式项目教学旨在培养学生的自主学习能力，让学生成为"懂学习"的人，掌握终身学习的方法。

一、 自主式项目教学主要类型

（一）自主式模拟性项目教学

自主式模拟性项目教学，是指在自主式项目活动中并不是真实活动，[①] 而是教师根据教学的需要，人为设计的仿真活动，作为教学的载体而存在。其好处有二：其一，没有较大的学习压力。如果是在真实的环境中，必然有规定完成的数量和质量的压力，而模拟活动不用考虑这些因素；其二，可以反复操作。自主式项目教学本来就是难度比较高的教学方法，并不是一次就能成功的。模拟性项目活动可以通过反复地进行，直至获得预期的效果。自主式模拟性项目活动的设计应遵循接近真实原则，即项目活动的设计越真实越好。

（二）自主式指向性项目教学

自主式指向性项目教学，是指在教学过程所有活动都指向学习任务，即无论是技能的训练，还是知识的学习，都围绕指向性任务的需要进行。项目教学过程的指向性特征就是理论实践一体化的本质所在。围绕指向性任务的教学可以为学生提供有效吸纳知识的方向和机会，并能有效地对所研究对象进行深入性的探究，得到的学习成果更为科学。

（三）自主式扩展性项目教学

自主式扩展性项目教学，是在教学中知识的学习和技能的训练，并不拘

---

① 刘磊. 项目教学情境下中职生学习行为研究 [D]. 上海：华东师范大学，2012.

泥于教材或教学材料中所涉及的部分，而是根据自主项目活动以及任务的需要扩展所教内容。扩展的目的是尽可能地让学生扩大知识面，了解当前最新的项目背景和项目知识，为今后的学习奠定基础。但是，扩展并不是无限制地扩展，它有两个原则，其一是自主项目任务相关原则，即所扩展的知识与技能是与自主式项目任务相关的；其二是学生需要原则，即知识与技能的扩展根据学生的需要，特别是学生感兴趣、急需教师做出解答的问题，应最大限度地给予扩展。

二、 自主式项目教学操作原则

（一）主动性原则

教师要充分调动学生对学习的主动性，从"要我学"转变为"我要学"，积极参与教学活动。一味严肃紧张并不能够激励学生主动学习；相反，活跃生动会激发学生积极参与学习。

在项目任务的选择上，教师应充分考虑学生的主观能动性。学生对项目任务有信心完成，才能有更高的积极性。多给学生思考的时间，多给学生提问的机会，让他们放开手脚，大胆发问，积极讨论，做学习的主人。

（二）差异性原则

每个学生都是独特的个体，不同学生的认知水平、思维方式、学习需要、学习风格和能力不一样，学习的结果也就不同。在自主式项目教学过程中，主要是由学生自己根据项目任务自由地探究，并完成学习任务。每个学生的学习方式和思考方向都有所不同，完成项目的程度也是有所差异的。

我们应尊重每一个学生，并引导他们进行自主学习，朝更好的方向发展。要求学生学出个性，学出风格，教师应该理解和接受每位学生的差异性。否则，难以激发出学生潜在的创造力。

（三）实践性原则

皮亚杰认为，"智慧的鲜花是开放在手指尖上的"。在自主式项目教学中，学习过程成为一个人人参与的创造实践活动，注重的不是最终的结果，而是完成项目的过程。学生在项目实践过程中，理解和把握课程要求的知识和技能，体验创新的艰辛与乐趣，培养分析问题和解决问题的思想和方法。凡是能让学生动手体验的，尽量多提供机会让学生剪一剪，摆一摆，折一折，画一画，多种感官参与活动。如果条件允许，还可以根据课程需要进行实验操作，户外调查，分组研究等，让学生在体验中获得新知。

三、 自主式项目教学方案介绍

（一）"五步"自主式项目教学方案

"五步"自主式项目教学是指通过五步，即：兴趣激发—探究学习—合作实践—总结提升—评价指导，层层深入，引导学生根据项目由浅入深进行探究直至完成项目任务的活动。

我们爱你啊，中国①

步骤一：创设情景

"中国旅行社"即将参加在巴黎举行的"世界旅游博览会"，请学生为他们设计一张海报，以宣传我国的优美风景、风味特产为主题。

（学生事先应该搜集资料，选出自己认为最有代表性的景点，而后分组讨论、制作，展示、报告——向大会组委会做介绍，或向别人宣传时，应该尽量用上一些英语，以体现大会的国际性。）

可以制作以"我爱中华"为主题的手抄报；也可以让学生把自己在不同

---

① 雪之舞. 语文项目学习方案一例［EB/OL］.［2014－12－12］:http://blog. eduol. cn/user1/1720/archives/2006/36712. html.

旅游景点拍的照片各选一张，并把它们贴在中国地图相应的位置上，然后举办"××游记展"。

（要求学生能把自己的照片设计成不同的形状，增加美感。）

步骤二：分组合作

其一，模仿课文创作诗歌《我们爱你啊，光华》或《我们爱你啊，家乡》等。

其二，将课文改写成一篇记叙文、导游词等。

其三，进行诗歌朗诵比赛。

（以上三项活动，学生可以任选其中一种，小组合作完成一项。）

步骤三：探究学习

其一，结合数学课堂上学到的比例尺，让学生通过自己手中尺和笔的计算去感受祖国的博大。

其二，结合社会课堂上学到的"中国人口"，让学生认识中国人口众多，是世界上人口最多的国家。

其三，与新西兰、澳大利亚的国土面积和人口相比较，增强学生的人口意识。

其四，让学生搜集中国的资源数据，在求出人均资源的同时，与其他国家相比较，增强学生节约资源的意识。

步骤四：评价指导

自评：学生完成项目后展示自己的作品，给自己的作品打分；

他评：对其他同学的作品评价并打分；

师评：教师对每个学生的作品作简要的点评，并选出几个比较好的作品，供其他学生参考。

步骤五：总结提升

项目教学法通过教师创设一个项目来进行教学，学生通过完成项目来实现知识构建，通过解决现实问题来达到对知识的掌握，构建了良好的学习环境，充分体现了以学生主体和全面发展为中心的教育思想。

1. 情景激趣

"五步"自主式项目教学目的是引导学生进入现实问题的情景，促使学生迅速投入学习，巧妙利用新旧知识解决问题。并以此加强训练学生的思考力和知识衔接力。值得注意的是，教师在创设教学情景时可适当增加悬念设置，唤起学生获取新知识的积极性。

2. 探究学习

探究学习指的是学生运用观察、阅读、实验、文献资料、小组讨论等多种方式，对课堂上的难点、重点进行思考、解决问题的一种学习手段。在学生自主探究的过程中，有时需要教师积极配合，为学生提供思考的方向。但总的来说，还是以学生自主探究为主。

3. 合作实践

在自主式项目学习过程中，相对于孤军作战，我们更倡导团体合作，其好处有二：其一，优势互补。学生间相互合作，根据其优劣势分配任务，能够达到更好的整体效果；其二，协调关系。在教学过程中，师生以平等、互助的方式讨论问题，共同完成项目任务，对建立和谐的师生关系有着极大的促进作用。

4. 总结提升

总结提升是自主式项目教学中的关键一步，有两方面原因：一是梳理结构。学生在自主学习中观察到的现象，得出的问题结论都是比较零碎和主观的，知识条理混乱，经过总结提升后，能够对学生的知识结构进行整合，促进学生对知识的进一步理解。二是查缺补漏。教师针对学生提出的疑问当堂进行讲解，可以趁热打铁地为学生优化知识、解决难题。

5. 评价指导

在自主式项目教学中，评价方式大都采用多元方式，包括小组内互评、组间互评、教师点评等，以达到公平、公正的效果。如果条件允许，教师可以邀请权威人士进行点评指导。

（二）"三三六一"自主式项目教学

"三三六一"自主式项目教学是一种基于教学的三维目标、三个阶段、六个环节、一个主阵地而开展的教学法。在教学过程中，主张学生自主探究新知识、发掘新技能、掌握新能力。[①] 此教学法强调几点：一是科学定位。根据"三维目标"要求定位项目，能够全方位多角度地考虑问题，保证科学性。二是培养探究思维。传统的教学以教授法为主，学生只是单纯地接受知识，思维受过多的限制。但自主式项目教学能激发学生独立思考的潜力，促进探究思维的发展。

六大环节为学生提供了自主学习的平台，让学生亲自探究知识的来源，探索知识的应用，检测知识的掌握。在这个过程中，学生除了学会自主学习，更能培养出良好的探究精神和积极的学习态度。

角 的 认 识[②]

步骤一：明确项目

《角的认识》以角应用能力为主线来设计学生的知识、能力、素质结构，通过完成四个项目中的具体任务，加强对学生的实践操作能力的训练，使学生真正做到积极思考和实践教师交给的任务。让学生主动参与，培养学生分析、解决实际问题的能力。

《角的认识》的学习时间为一星期，围绕某框架结构和混合结构展开教学，共5节课。针对课程目标，设计了6大具体教学项目环节。

步骤二：准备项目

---

① 佚名. "三三六一"高效自主式教学模式简介 ［EB/OL］. ［2014－12－12］：百度文库，http://wenku. baidu. com/view/35df145b3b3567ec102d8a98. html. 本文略有改动。

② 关升，李玉甫. 项目教学法在课程中的应用与思考 ［J］. Value Engineering, 2012，(3)：247－248.

在上第一次课时向学生介绍课程的知识目标、能力目标和方法能力目标；将全班学生分成 10 个小组，每组男生与女生比例尽量做到 1∶1，每组成员轮流担任小组长，负责本组的组织工作；向每组发放图纸、图集等学习资料。

为了培养学生能力，考核把重点放在了平时的项目实训上，每个项目打分都以百分制。总分由课堂表现 40 分、课后练习 30 分、单元检测 30 分组成。其中课堂表现包括教师评价、小组互评、组内成员评价。对表现特别突出同学适当加分。

步骤三：布置任务

本次课要完成的任务在上一次课预留 10～15 分钟布置，并把与项目有关的结构知识、关键知识与程序知识，以及有关操作的使用基本方法向学生说明，使学生在课后对完成任务的方法有个初步的思路。

步骤四：自主探究

学生根据接受的工作任务，利用课外时间，自主收集信息，查阅资料。

步骤五：小组讨论

通过各自的学习后再在组内与成员相互交流、分工协作安排任务，讨论完成任务的方法，最后小组成员达成一致，每个小组完成一份报告书。这样有利于发散思维与集思广益，培养学生团队合作精神与创造能力，提高掌握知识点的水平。

步骤六：当堂检测

通过教师和学生准备的材料对其进行检测，了解学生的掌握程度，并按照课后练习总分 30 分为学生打上相对应的分数。

步骤七：汇报点评

教师主持，分小组派一名代表上讲台汇报完成工作任务的过程和结果，本组其他成员可以补充。为了增强学生的参与性，每组汇报的人员，每次课都随机产生，教师倾听学生的汇报，教师在点评前先询问其他组对汇报组是否有发现不足，最后由教师提出不足和改进方法。

步骤八：达标检测

进行单元测试，并统计各类分数。

1. 三维目标

三维目标指在教学过程中应该达到的三个目标维度，即：知识与能力，过程与方法，情感态度和价值观，是教学目标中关键的三个方面，是统一不可分割的整体。

2. 六大环节

六大环节是指目标认定，自主先学，合作探究，当堂检测，点拨升华，达标检测等。这六大环节环环相扣，能够让每一位学生都积极参与到自主式项目教学中，学有所得，整体获得发展和提高。

3. 一个阵地

"三三六一"把主阵地设在课堂，尽量让学生当堂解决预先设定的项目任务，促使学生尽可能地吸收当堂的知识内容。[①]

第二节　自主式项目教学的实施策略

自主式项目教学是以项目为载体，以成果为目标，以合作为方式，培养学生自主构建知识意义的一种教学法，对坚持终身学习有着重要的意义。

除此以外，自主式项目教学是一种适应新课程改革的教学模式，它倡导学生在教学中主动参与、乐于探究、勤于动手，培养学生自主分析问题和解决问题的能力。项目实施主要分为三大步骤：情景设置，合作提高，评价反思。

---

① 佚名."三三六一"高效自主式教学模式简介 [EB/OL]. [2014-12-12]：百度文库，http://wenku.baidu.com/view/35df145b3b3567ec102d8a98.html.

小学劳动与技术《玉兰花》自主式项目教学①

步骤一：自主参与，确定项目

本项目的确定主要是结合第八册劳技课本第一单元纸绳系列的制作切入，引导学生观察校园里的花卉，学生最后把注意力都集中在红玉兰上，原因是它与众不同，我们常说，红花需要绿叶扶，而红玉兰却是花与叶不同时，当枝繁叶茂时却不见花的踪影，而花蕾凸现时，叶子便开始凋零，等到花蕾长到即将开放时，树枝上便只剩下满枝的花蕾了，再过数日满树的玉兰花就开放了。虽没有叶的映衬，仍是那样的雍容华贵，惹人喜爱。于是大家决定用自己的双手，把自己的喜爱之情用自己喜欢的方式表达出来。经学生集体讨论，预设活动的计划：

1. 制订计划

着手制订项目活动计划。

2. 活动内容

为更好地表达自己对玉兰花的喜欢，学生们一致要求对玉兰花组织一次写生或照片取景；分组了解玉兰花的知识；分组讨论玉兰花的制作设计；制作玉兰花；课堂玉兰花展示。

3. 活动方式

以小组合作为主。

4. 学习资源

活动需要的材料尽量自己想办法解决。

步骤二：三维并重，开展活动

1. 欣赏取景

学生们兴高采烈地来到校园的绿化区，聚集在几株玉兰花树下，欣赏着早春的美景，纷纷取出相机，着手对玉兰花从不同角度取景，并请了美术教

---

① 张隆林. 小学劳动与技术《玉兰花》自主式项目教学案例［EB/OL］.［2014-12-12］:百度文库，http://www.doc88.com/p-172806881552.html.

师现场指导。以下为学生部分摄影作品：了解玉兰花。学生自行分组，分不同渠道，为期一周去了解玉兰花的知识，做到不是简单地画画、拍拍玉兰花，再做做玉兰花，而是对玉兰花做深入的认识，丰富知识面，拓宽劳技教学活动的意义。在这项活动中，很多学生邀请了家长参与，让他们帮助收集资料。

2. 制作玉兰花

学生了解玉兰花的知识后，跃跃欲试，非常想马上就着手制作自己喜欢的玉兰花，于是我因势利导，提醒学生要很好地表达自己对玉兰花的喜爱之情，就要做好、做精致，这样就要先设计好他们要制作的玉兰花的样稿，才能达到心中预期的目标。学生听后就叽叽喳喳地讨论开了，他们分好工，积极主动地开始活动。

3. 作品展示

到了最激动的时刻，我们请来了家长、美术老师、同学代表等评委，同学们纷纷把自己的作品拿上来，并相互进行评价。课后这些作品成为了教室的装饰品。

4. 教学评价

通过这次自主式项目教学的实践，凸显了学生的主体性，整个过程大多由学生自行设计，开展任务，完成任务。同时也采用了开放教学模式，提高学生的综合能力。

一、 策略一： 情景设置， 深入思考

自主式项目教学的实施不能闭门造车，应根据学校的条件尽量创造机会让学生到真实环境中进行实际操作。以上述案例为例，通过安排学生亲身到学校里观察玉兰花，让学生亲自感受玉兰生长的环境，加强对玉兰花的了解，积极完成围绕"玉兰花"而提出的项目任务。

除此以外，教师可以通过教育技术让学生深入需要的情景，比如展示图片、网络虚拟、教学电影等，以增大教学容量，调动学生各种感官参与，让

学生感知学习内容，获得最大量的信息。

（一）借助外物，投入情景

如果每次进行教学都安排到真实的实践情景中去，则学校和教师所需考虑的问题就会比较繁杂，甚至在现实条件的限制下，并不是所有的项目都能让学生真正到实景中开展教学。

所以，在一般情况下，我们可以借助外物来创造情景。方法有二：一是借助网络资源，比如视频、电影、资料、音乐、图片等，都可以表现出项目任务所需要的情景。二是口述彼时情景，让部分曾经有类似经历的同学在课堂分享自己的经历，为同学口述其大致情景，补充对情景的理解空白。如果条件允许，教师还可以把实物带到课堂上，让学生进行观察和触摸。通过这一系列借助外物的手段，能够轻松地让学生快速投入到自主式项目任务的情景中去。

（二）动之以情，投入情景

学习要具备感受性、体验性，要纠正长期以来重认知轻情感、重理性轻感性、重分析轻综合的倾向。因此，在自主式项目教学中，除了引导学生独立完成项目任务、增强其独立学习的能力外，更重要的是培养学生的情感性，通过对项目的了解，应该对项目的建构意义或者项目的某个环节上有独特的深刻理解，并能够做到有感而发。

二、策略二：合作提高，集思广益

在自主式项目教学中，虽然强调以学生独立探究为主，但学生的个人能力毕竟是有限的，因此，更需要集思广益。要求小组成员围绕共同的项目目标展开学习活动，做到同学间相互鼓励、相互支持、分工明确、共同努力。从中除了可以体现学生的主体性、合作性，做到取长补短、集思广益，还可以充分让每一个学生体会到与人合作的乐趣。

（一）明确小组总任务

在自主式项目学习中，必须明确小组合作的总任务。通常情况下是由教师事前制订，再分派到各个小组，由小组组织执行。在某些自主式项目教学中，不同小组的合作任务可能有所区别，但总任务都是明确的。只有明确小组总任务，才能将小组成员更好地凝聚在一起，为了实现共同的目标而一起奋斗。同时，也为学生提供了明确的学习方向，保证任务顺利完成。

（二）明确组内个体任务

在小组合作任务确定后，由组长把总任务拆分成若干个子任务，然后分派到组内的每个成员，鼓励大家分工负责，各尽所能，通力合作，努力完成小组的总任务。关于个体任务的明确，教师应发挥好主导作用，适当辅助组长划分好子任务，加强每一个子任务的可操作性，力求让每个小组都能有所作为。明确组内个体任务目的是为了保证项目教学的顺利进行，但职责的明确并不意味各任务彻底分离，组内的成员还是必须抱有相互帮助、优势互补、集思广益、共同提高的态度。

（三）组内合作，组间竞争

在小组学习合作中，有两种模式：一是组内合作，优势互补；二是组间竞争，激励前进。组内同学遇到困难时，应相互交流和探究，互相帮助和启发，用集体的智慧解决问题，及时解决组员的困惑，力争最大限度发挥小组作用。

组间以竞争为主，竞争对学生的发展有促进作用，组间的你追我赶，能赋予学生学习的压力和动力，能最大限度地激发他们的潜能，提高学习的效率。同时，竞争能使各组成员在比较中客观地评价自己，发现自己的局限性，提高自己的水平。

三、 策略三： 评价反思， 总结提升

为了顺应时代发展和教育改革的要求，多元评价思想已渗透到教育的各个领域。原有的单一、线性的教育评价体系已逐渐瓦解，以发展为宗旨的多元、开放评价系统应运而生。通过注重评价主体多样性、发展性、过程性、情感性这几个维度，有利于落实开展科学合理、公平公正的评价工作；也有利于学生根据评价克服不足，完善自我。

（一）评价主体多元化

我们提倡多元评价，首先是评价主体的多元化。传统教学的评价主体主要是教师，由教师说了算。但在自主式项目教学中，我们强调评价以学生为主，教师为辅。同时，邀请专业人士和社区人士，甚至家长等多元角色参与到项目评价的队伍中来。另外，开设小组内互评环节，评价各组员在自主项目学习中的积极性和个体贡献，挑选出优秀成员。还有，根据项目成果的展示，全班同学集体投票，选择自己认为最好的项目成果，由此评选出最佳小组和最佳作品。最后让教师和专业人士对整个项目进行评价和指导，指出学生比较突出的难题等。

（二）评价角度多元化

许多时候是在不经意中体现很多东西，因此，在自主式项目教学中的评价必须是多角度的。主要的评价角度有三种：

发展性评价。发展性评价主要是评价学生的项目学习过程和项目成果，判断是否具有创新性、发展性，是否对所学知识进行了充分的利用和思考，是否做到突破自我，实现猜想。发展性评价有利于激励学生大胆质疑，成为创造型人才。

操作性评价。操作性评价主要是针对自主项目学习的过程而言的。评价学生能否很好地完成项目任务，是否熟练地进行资料的搜集、呈现、分析。对于小组合作来说，操作性评价尤为重要，操作性强的小组，其整体效率会相应提高，项目任务的完成也会较为出色。

情感性评价。自主式项目教学评价是一种学生与学生之间，教师与学生之间，学生与家长之间的理智和情感相结合的评价方式。在这一过程中，强调学生在项目挑战中的态度和生生间的相处之道，让学生在自主探究知识之余学会处理人与人之间的关系。

第三节　自主式项目教学的经典课例

自主式项目教学作为一种创新型教学方式，引入现代培训新理念，强调以学生为认知的主体，有利于学生在教师的引导下按照项目要求，不断探索问题，认识问题，培养能力。开展自主式项目教学的过程是体验真实、发现需要、运用知识、提升能力的过程。[①] 学生可以掌握学习自主权，对外部信息进行自主选择和加工，这有助于培养创新精神和实践能力。

一、经典方案

探究串联并联电路电流规律[②]

步骤一：项目确定

串联并联电路实验是安排在其理论课程之后。因此，在前期课程中，都会对本课程的教学内容简单说明，让学生有一个大概的全貌，了解大致的学习任务，知道学习重点。让学生带上设计好的电路图，参观相关的实验室，

---

① 许靖.《车工技能训练》中的项目教学法应用 [J]. 成功（教育），2007，(10)：240.
② 刘慧. 电子产品安装与调试实训中的项目教学法应用 [J]. 包头职业技术学院学报，2013，(1)：81-83.（本文略有改动）

并且在电子技术实验室中，进行工作台的使用学习。实验之初，依照实验台的个数把班级学生分成小组，每一个小组有固定的工作台，确定了小组长负责制。在初学习时，要让学生知道学习方法，实验报告最终要让学生自己完成。实验过程中，由教师设计任务，在教师的指导下，学生自己实施并完成任务。在此过程中要相信学生，鼓励学生，给学生希望，让学生了解了本课程的轮廓，能激发学生的学习动力。

步骤二：实验过程

在项目的进行中主要以小组形式开展，每一个小组分别领用一些开关、电线和毫伏表，以及电子元器件。先让学生认识电子器件，了解其面板上各部分的作用，再进行简单的应用。此后，再针对具体电路进行讲解及使用。教学中，教师可以演示一遍操作过程，结合理论讲解，让学生做好课堂笔记，然后找几名学生现场演示，教师随时指出学生操作中遇到的各种问题。同时教师设计几个问题，让学生边思考边现场解决。对于较复杂的知识点和问题，教师可进行一定的提示、引导。然后小组共同完成。要让学生学会利用所学知识去处理问题、完成任务，激发学生自主学习与探究学习的动机，增强学生参与知识建构的积极性和自觉性。在实验时，教师应巡回指导，要及时发现和解决学生在自主学习中存在的问题，对典型问题或错误要及时向全体学生进行讲解。对于元器件的认识，先由教师讲解元器件的名称、符号、类型以及工作特性等相关知识，然后让学生分组讨论、进行识别，最后对每组同学进行测试，考核学生对元器件认识的掌握情况，同时也加强学生学习过程中的紧迫感，为完成下一任务打好扎实的基础。每组成员自行对所装接的电路进行记录数据，排除故障，分析问题。以此让学生掌握电路故障的排查方法及提高对问题的解决能力。

步骤三：评价总结

教学评价是自主式项目教学法中非常重要的环节，任务完成后一定要及时对学生的学习情况进行总结和评价。一般情况下可分三级来考核，第一级可由教师对小组项目完成情况评定，第二级是由小组成员根据各组员的贡献互评，第三级由学生本人进行自评，综合三级评定来确定每一个成员的成绩。实验结束后，要求学生及时写出实验报告，并写出故障分析和心得体会，引导学生对所做所学的内容进行归纳，总结收获，找出不足。并让学生建立起本项目任务之间以及各项目之间的联系，以加深对知识的记忆和理解，完成真正意义上的知识建构。另外，组织优秀学生对其他学生进行指导和评价，通过学生指导和评价可再次激起优秀学生的学习兴趣，同时提高他们的成就感。这样既能充分利用学生资源，调动他们的积极性，又可以减轻教师教学压力。

二、 实施方法

（一）教师角色的转换

我们可以观察到教师一改过去传输者的角色，充当起学生的引导者，要求学生在规定时间内，根据自己的电路图进行积极思考，并独立完成项目任务。在遇到问题的过程中，教师只是适当地为学生提供思考方向，并没有直接告诉学生具体操作。在整个过程中，学生自主操作，是课堂的主人。在项目开展过程中，教师为学生留出充分的思考时间，并没有过多干涉学生，真正做到相信学生，放手让学生学。教师巧妙地把探究问题的时间还给学生，把思维过程交给学生，一改传统教学中按部就班、被动接受理论知识的弊端。

（二）项目任务的设定

自主式项目任务的确定离不开基本的理论支撑。在开展项目活动前，必须先了解基本的理论基础，然后根据教学内容和实际情况确定项目任务。在设定项目任务时需要注意的是，首先项目任务间要相互衔接，承前启后。其次难度要适中，要充分考虑学生的能力水平，力求让大部分学生能理解任务，完成任务。最后应考虑实施的可行性，项目任务需要的设备要在学校承受能力内，确保实施顺利进行，达到想要的教学成效。

（三）学生地位的确定

在自主式项目教学中，为了真正确立学生的主体地位，除了需要转变教师角色外，还应从"学生"抓起，改变学生一贯的依赖态度，纠正"为别人而学"的错误思想。同时帮助学生了解自己，认清自己的定位，分析其优势和不足，找到适合自己的学习方法，选择最佳的小组角色。只有做到这些，才能在自主式项目学习中，真正激发出学生的兴趣，从而不断激发他们的潜能。

第四节　自主式项目教学易出现的问题及解决方法

自主式项目教学作为一种新型的教学方法，对于教师和学生的要求都比较高。教师不仅要求讲授理论，还要求示范实践；不但要会讲，还要动手做、给学生做示范，纠正学生操作中的错误。因此，高素质的师资是自主式项目教学取得实效的重要保证。除此以外，对学生的要求也比较高，一方面，要求有较强的自主性、独立性。另一方面希望学生能够在探究学习过程中形成自己的见解。

要很好地解决自主式项目教学中存在的问题，除了做到上述的要求外，增强学生和教师的适应性也需要考虑在内。如果过分地停留在传统教学阶段，不积极尝试和适应新的教学方式，则会滞留不前。反之，激发学生的兴趣，提高其认知水平、实践水平和学习素养，就能促进自主式项目教学的进行。

一、　教师不敢放手

在自主式项目教学中，教师不再是信息的传播者、说书人或是知识体系的呈现者，其主要职能从"教"转变为"导"，包括：引导、指导、诱导、辅导和教导。给学生提供问题情境，启发学生提出问题、发现问题，明确问题意识，分析问题价值，让学生在这个过程中逐渐提高自我学习的能力。教师的"导"不再是以往对学生的事事监管，而是对学生进行逐渐放手，给予学生间接的指导，在学生需要的时候才予以提供帮助。① 教师的作用不再是一部百科全书或一个供学生利用的资料库，而应成为一名向导和顾问，帮助学生在独立研究的道路上迅速前进，引导学生在实践中发现新知识，掌握新内容。学生作为学习的主体，通过独立完成项目，把理论与实践有机地结合起来，不仅适应了自主式项目教学，更重要的是提高了自学能力、观察能力、动手能力、分析和解决问题的能力。②

（一）注重教学开放性

对于项目教学而言，教学的开放性是很重要的，体现的方面也有很多。第一，项目任务的选择。教师要尊重学生的自由和主观能动性，要给学生足够时间和空间选择项目任务。第二，跨学科项目活动的实施。由于各学科本身并不存在绝对的界定，知识只有融会贯通后才能创新。跨学科项目活动的实施有助于培养学生的综合思维能力，整合利用优质资源。③ 第三，时事热点的吸纳。学生在项目资料的搜集中可尽量接触时事热点，开阔视野，了解外面的世界，提高其思维的敏锐性和创新性。

（二）注重教学生活化

教师在长期的传统教学中对教科书形成了极大的依赖性，更有甚者认为

---

① 童相海，顾健. 在"电工基础"课程中应用项目教学法的思考 [J]. 教育与职业，2011，（6）：156－158.

② 关升，李玉甫. 项目教学法在课程中的应用与思考 [J]. Value Engineering，2012，（3）：247－248.

③ 杨洁. 多元智力理论视野下的自主式项目教学 [D]. 上海：上海师范大学，2004.

教科书的内容是学生必须和唯一的学习内容，忽略了学习的最终目的是为了让学生更好地适应生活。作为自主式项目教学，我们很希望学生能够在未来的人生中自行探索问题、创造价值，利用现有的知识技能解决矛盾。此时，拓展生活化自主式项目教学，培养学生对生活的观察力，鼓励积极参与生活问题的解决成为了必须实践的新思路。

来源于生活的知识往往要比教科书的单纯知识更有趣味性，更能让学生产生求知欲。优秀的教学该避免仅仅停留在教科书上，要多把教学与生活联系在一起，发掘具有应用性的项目任务。

二、 学生不懂觅食

无论学习哪一种知识，只有具备正确的学习方法才能事半功倍。在自主式项目教学中，学生应具有更多独自"觅食"的机会，根据实际情况去选择适合自己的学习方法，提高学习效率。同时要善于结合项目特点，运用联想，联系生活实际等方法，不断探索前行，感悟成败，寻求乐趣。

（一）学习动机的激发

在长期的传统教学中，学生养成了过分依赖教师的习惯，使得在以"自主"为主要特征的项目教学中束手无策，屡屡受挫，信心不足。

学习动机按照不同的标准，分类很多。常用的主要包括内部学习动机与外部学习动机，近景的直接性动机与远景的间接性动机。教师可依据具体任务，给予激发。比如，增强自主式项目教学任务的趣味性，提高其学习的求知欲，激发学习的内部动机。也可以适当设置奖励项目，激发学生的挑战性形成外部动机。而近景的直接性学习动机是与学习活动直接相关的，如学生的数学教师讲课很好，促使学生数学成绩一次比一次好，那么近景直接动机自然就越来越强。远景间接学习动机是与学习的社会意义和个人的前途相连的。比如：学生为了社会，为了集体的某种荣誉而产生远景的学习动机。[①]

"多得森定律"认为，动机水平并不是越高就越好。学习动机和学习效果之间有着相互制约的关系，在一般情况下，动机水平增加，学习效果也会提高。但是动机水平超过一定限度，学习效果反而更差。美国心理学家耶克斯（Yerks）和多德森（Dodson）认为，中等程度的动机激起水平最有利于学习效果的提高。同时，他们还发现，最佳的动机激起水平与作业难度密切相关：任务较容易，最佳激起水平较高；任务难度中等，最佳动机激起水平也适中；任务越困难，最佳激起水平越低。[②] 因此，在自主式项目教学中，教师应该注意动机水平的监控。

（二）善于重复学习

重复学习对于自主式项目教学来说大有好处，[③] 由于过分强调多元综合，自主式项目教学在一定程度上使学科知识的系统性遭到了破坏。这是项目教学最明显的一大缺陷。学科知识就是一系列的概念体系，具有很强的系统性。遵循其系统性进行学习，就容易掌握；反之，破坏了其系统性，就只能获得某些零碎不全的知识。

在自主式项目教学中，重复学习的目的是加深对知识的理解，建立知识系统性，弥补传统教学的不足。哲学家狄慈根说："重复是学习之母。"重复学习是课堂的"自主性"到课后的"延伸性和知识的再造性"的循环。

三、 不懂授之以渔

"授之以鱼，只供一饭之需；授之以渔，则终身受用无穷。"在教学中，

---

① 佚名. 学习动机 [EB/OL]. [2014-12-12]：搜狗百科，http://baike. sogou. com/v5096821. htm.

② 佚名. 耶克斯—多德森定律 [EB/OL]. [2014-12-12]：搜狗百科，http://baike. sogou. com/v69121375. htm.

③ 燕国材. "项目学习"评析 [J]. 现代基础教育研究，2013，(1)：9-10.

授予方法很重要。掌握了学习方法，便掌握了成功，将受益终身。

（一）善于诱发学习

作为教师，如何激发学生积极学习，形象地说，我们需要把学生放回到浩淼无边的知识汪洋中，让他们自由遨游，让他们自己去探索、去发现知识。而我们只需做一名舵手，或是一名他们不可缺少的同伴良友，给他们一个方向、一个场景、一种气氛，诱发他们的求知欲；或是成为学生的一个倾听者，交流者，甚至可以是一个学习者的身份，参与到他们的学习中去。在一种和谐、平等、自由的氛围中，让学生找回自己的思考，尽情地交流、探讨，享受思想碰撞时那美妙的火花。

（二）善于类比学习

类比，是一种很好的学习方法。不同的事物往往具有一些相同或相似的属性，使用类比的方法。一方面，可以减少教师的工作量；另一方面，能够快速检测学生对同类项目任务的掌握程度。学生通过类比，分析项目间的异同点，进行分类归纳项目变化，能够快速解决同类型的项目问题，达到事半功倍的作用。另外，如果有条件，教师可以在自主式项目教学中设置多元类比。[①] 有计划地使用渐进的类比，后一个类比建立在前一个类比之上，能够及时去除潜在的错误概念。提供这样一个不断修正的过程来训练学生的类比思维，能让学生的思维能力有较大的提升。在自主式项目教学中，渗透类比思维不但省时、省力，还有助于学生对项目深入理解和应用，帮助学生贯通知识间的联系，形成系统的知识体系，逐步构建良好的认知结构，以降低自主式项目教学的难度。

---

① 胡银辉. 类比策略在教学中的应用研究 [J]. 教研教改，2009，(11)：22.

（三）善于充分利用资源

在自主式项目教学中，学生必须学会充分利用资源，这不仅是为了更好地完成项目任务，也是为了知识面的延伸和发展。之所以这样讲，是因为学生在教学过程普遍只利用教师资源，导致信息获取量不足，动手能力下降，在资料搜集中困难重重。其实，除了利用教师资源外，学生快速获得更多项目资料的方法之一是利用图书馆和网络。在自主式项目教学实行的早期阶段，学生面对项目任务往往茫然不知所措，教师应引导学生打破这一僵局，有意识地引导学生对图书资源、网络资源进行运用，指导如何搜索、分类阅读材料。培养学生发现问题，分析问题，解决问题的能力。陶行知说："人人可以做我们的先生，随手抓来都是活书，都是学问，都是本领。"社会是一部百科全书，学生要善于观察生活，发掘身边的优秀资源。①

---

① 魏建. 创建一个灵动的"支点"——谈语文课外学习资源的有效利用 [EB/OL]. [2014-12-12]：豆丁文库，http://www.docin.com/p--235542449.html.

第八章 借力发力：协作式项目教学

协作式项目教学以学习小组为学习活动的基本单位，通过小组内成员的分工协作达成小组的共同目标，并以小组活动的整体效果为主要指标的教学活动。有关协作式项目教学的定义主要有两种：一是指学习小组完成各种预定的项目，所取得的学习或训练效果是等值的；二是指学生通过项目所展开的活动、所需要的工具和所需要的资源共享与提高。这两种定义侧重不同方向，但都指出了协作式项目教学本质通过合作、交互进行教学活动，共享学习资源，共享学习成果，进行协作，获得共同提高。

第一节 协作式项目教学的操作方案

协作式项目学习是指学习者以小组或团队为形式，在共同的目标和一定的激励机制下，为获得小组的共同利益而进行合作互助的一种教学法。[1] 在协作式项目教学中，个人或集体其中一方一旦达到目标，一定会帮助他方尽快

---

[1] 刘文宇，马立兵. 协作学习研究的回顾与展望 [J]. 电子科技大学学报，2007，(3)：96—97.

达成目标。协作式项目学习不是直接给学生传递知识，而是在理解概念和掌握应用技能基础上，开展项目任务，达到巩固基础知识，提升个人能力的效果。同时培养学生齐心协力的品质，增强与人交际的能力。

一、 协作式项目教学主要类型

（一）面对面协作学习

面对面的协作学习要求学习者必须在面对面的环境中进行学习，即当下，成员间围绕项目中的问题，以口语和肢体语言进行信息交流，协同认知、情感培养，协作技能，以达到小组与个人绩效优化的效果。

采用"面对面的协作学习"的目的有二。一是信息交流。学生以最直接的方式进行讨论和交流，既能省时省力，又能保证及时进行信息交换和疑问讨论解决。二是营造良好氛围。在"面对面"的交流中，可以让小组形成一个"家"的温暖氛围。同时，肢体、眼神的交流可以增进彼此的默契，进行更多的情感交流。但值得注意的是，面对面的协作教学容易诱发课堂纪律问题，教师应多加留意。

（二）计算机支持协作学习

计算机支持的协作学习简称"CSCL"，它的应用随着网络的发展而日趋流行，利用计算机技术建立协作学习环境，使师生间、生生间利用网络平台讨论项目问题，是传统协作方式的延伸和发展。[①] CSCL 的使用为跨地区跨学校的项目教学提供了极大的便利，它不但能节省远距离学习交流的成本，还能让学生扩大交友的圈子，增大见识面。

---

① 汪乐乐. CSCL 概述——计算机支持的协作学习 [EB/OL]. [2014－12－12]：百度文库，http://wenku. baidu. com/view/40d4407f31b765ce050814ce. html.

（三）混合式协作学习"BCL"

"混合"指同时运用网络学习与面对面学习。[①]这也意味着两种方式共同进行，优势互补，获得最佳的学习效果。混合式协作学习既能发挥学生的主体地位，教师的监控作用，还能让学生充分利用网络的先进资源。近些年，中小学已普遍开设信息技术课，学生拥有良好的学习网络技术的环境和条件，可以独立完成简单的学习资源搜集和在线交流，计算机信息素养不断得到提高。除此以外，随着教育的重视程度加深，传统的单纯的面对面协作学习或计算机支持协作学习已不能很好地满足学生多方面的学习需求，这都为学校加强实施混合式协作学习提供了强大的动力。为了适应混合式协作学习的发展，教师的教学水平应该不断提升，结合时代的变化，关注学生的变化，适当地将网络文化知识和班级学习情况融合在一起。

二、 协作式项目教学操作原则

（一）教学开放原则

在协作式项目教学中，如果单单停留在传统单一的教学环境中，则会让学生逐渐失去学习兴趣；反之，创设开放式环境更能让学生对项目充满新鲜感和好奇心。因此，我们建议多安排学生在开放的环境中进行协作式项目学习，比如，组织进入社区开展协作项目任务，让学生在大环境、大渠道中学习，提高了学生的好奇心，求知欲。如果条件允许，学校还可以开放利用学习工具资料[②]，多使用网络、媒体等新型学习资源。此外，我们需要对教学内

---

① 马婧. 国外协作学习理论的演进与前沿热点——基于科学知识图谱的研究 [J]. 开放教育研究，2013，(6)：30—31.

② 李文静. 创设开放的学习环境 提高酸、碱、盐教学的实效性 [EB/OL]. [2014—12—12]：道客巴巴，http://www. pep. com. cn/gzhx/gzhxjs/jxyj _ 1/zjlt _ 1/201110/t20111008 _ 1072386. htm.

容多加关注，不能过多停留在教材本身。教师应倡导学生在小组协作中获取更多开放、富有活力的课外知识。

（二）资源互享原则

有不少协作小组存在效率不高的情况，这主要由于缺少资源互享。在项目教学中，相互协作最重要的是成员间的信息资源交流。每个小组成员都有自己的想法和解决方案，[①] 如何把信息很好地进行分享和整合，值得每个同学进行思考。以下提出两点参考意见：第一，交互的人数不一定是固定的，可以一对一、一对多以及多对多。第二，信息交互控制权灵活分配，根据项目的要求灵活变化，关键是能让学生最快最好地了解信息。总之，坚持资源互相共享的目的是让学生经历各种思想的交锋，摆脱定势思维的束缚，活跃发散思维，达到一石激起千层浪的作用。

（三）过程互动原则

根据现代教学信息论，教学中的互动方式大致有四种：第一，单向型。即教师以任务教学为手段将信息单向传递给学生，教师是唯一的信息源。第二，双向型。即师生通过相互作用，让学生获得信息。第三，多向型。即师生之间、生生之间多边互动，共同掌握知识。第四，成员型。即教师以成员的角色平等参与到学生的小组活动中去。协作式项目学习同时涉及上述四种互动形式，是一种复合型教学活动。[②] 这有利于激励学生积极发言，把自己的想法与教师和伙伴进行讨论，营造学习互动气氛，摆脱以自我为中心的错误思想。

---

① 刘文宇，马立兵. 协作学习研究的回顾与展望 [J]. 电子科技大学学报，2007，（3）：96—97.

② 杨翠萍，刘鸣放. 在大学英语教学中以任务教学为手段　实施协作学习策略 [J]. Foreign Language World，2005，（3）：53—54.

三、 协作式项目教学方案介绍

（一）班级授课环境下的协作项目学习

班级授课制作为最基本的教学组织形式，具有相当的地位，将协作式项目教学融入到班级授课中，不仅能优化传统的授课模式，还可以扩大项目教学的使用范围。其中固定的班级人数和统一的时间单位，一方面使得协作教学管理井然有序，另一方面保证学生学习时间充足，活动循序渐进，系统地获得科学知识。

同时，协作式项目教学培养出来的集体荣誉感、竞争意识、协作观念、平等观念、团队精神都能为整个班级营造良好氛围，除了让学生个人得到成长，更能让班级在学校中脱颖而出。

童话海报①

步骤一：明确项目目标

项目指导教师通过带领学生进行协作学习主题的研究，从而提升学生的合作能力，让学生理解如何协作学习，培养学生的阅读能力，并在小组间进行理解难懂的句子以及词汇，让学生在小组中感受童话的真善美和假丑恶，培养高尚分道德情操，积极，向上的人生观和世界观，让学生学会讲童话，写童话，画童话，评通话，最终每小组共同能完成一幅童话海报。培养学生的发散思维，提高学生的创造绩效。

步骤二：实施项目学习

第一阶段：教师给学生讲童话故事，学生分成两组，教师对其中一组学生进行教授故事，然后让第一组向另一组学生复述刚才听到的童话，最后由教师引导学生评童话。

---

① 佚名. 爱生学校"活动主题活动计划书［EB/OL］. ［2014－12－12］：豆丁文库，http://www.docin.com/p-279424197.html.

第二阶段：寻找我的创作伙伴，教师根据学生意愿和校际、异质构组等原则，将学生分为 4 到 6 人一组。

第三阶段：写童话，画童话，以头脑风暴方式确定童话故事里的人物，故事接龙方式创作合理的故事情节，修改完善小组童话故事，在小组协作下为童话故事配上插图。

第四阶段：做童话小报，进行评比，评价协作伙伴。

第五阶段：演童话（扩展活动）。

1. 小组游戏竞赛

有竞争才有进步。游戏竞赛的种类很多，有个人竞赛、小组竞赛、固定项目竞赛，这些游戏竞赛都可以在协作式项目教学中充分利用。采取小组游戏竞赛的模式有利于营造一种轻松愉快的氛围，调动每一位学生的兴趣，拉近师生距离；让学生在欢乐中学习知识，拓展思维，获得心理的满足感，增强学习的自信心。

2. 项目切块拼接

项目切块拼接操作过程是将学生进行初步分组。^① 首先，把一项项目学习任务分割成几个部分或片段，每个学生负责掌握其中的一个部分。随后，把分在不同小组中而学习同一部分任务的学生集中起来，组成一个个"暂时协作组"，共同学习和研究所承担的任务以至熟练掌握。接着，全部学生都回到自己原来小组中去，分别把自己掌握的那部分内容教给同组其他同学。最后，进行项目测验，检查每个学生对项目任务的掌握情况。因为小组的每个成员都有各自不同的任务，因此能够极大地体现出每个成员的个人价值。要取得小组好成绩，更需要每个成员都积极投入，竭尽所能，做到最好。

3. 项目辩论式

"辩论"除了能大大开阔学生的思维，锻炼口头表达能力外，更重要的是

---

① 黄荣怀，刘黄玲子，郑兰琴. 论协作学习中的动机因素 [J]. 现代教育技术，2002，(3)：15—16.

能培养学生独立查找资料，统筹分析的能力。在"辩论"的过程中，学生要学会在课下通过协作进行辩论资料整理和讨论，在辩论台上与队员协同作战，对小组的观点进行阐述，同时应具备敏锐的思维能力和反应能力。通过一系列的训练在不知不觉中让学生达到了协作式项目目标的学习要求；并能直接引发学生对项目现象和项目本质的思考，养成良好的学习习惯，培养其质疑精神，促进学生间的交流，形成良好的协作关系。

4. 头脑风暴式

"头脑风暴"是一个充分发挥学生思维的过程，又叫畅谈法，集思法等。存在于项目教学的任何一个阶段。学生只有在头脑中掀起风暴，毫无顾忌、畅所欲言地发表独立见解，围绕项目广开言路，激发灵感，以此促进信息资源的流动，才能得出最为科学和全面的见解。经常使用此方法，可以提高协作小组的创造性能力，营造自由开放、轻松有趣、相互激励的氛围，提高学习效率，促进协作小组突围而出。

（二）网络远程环境下的协作项目学习

项目基础上的远程协作学习，是指围绕项目目标和任务，在协作学习的形式下通过计算机网络技术，教师、学生共同进行探究、学习、交流，从而掌握协作技巧，完成项目任务的一种学习方式。在远程协作学习过程中，小组成员间的地域是分散的，很难做到接触性地面对面谈论和研究学习，因此，主要是利用现代网络媒体技术进行小组间的日常交流，分工协作，完成小组项目任务。开展网络远程协作项目学习能实现各地优质教育资源共享，也在一定程度上增加学生与外界接触交流的机会。

夜晚观星——网络远程协作活动①

步骤一：项目设计

---

① 白晓晶，兴富. 远程合作学习项目的设计和组织 _ GLOBE at Night 远程合作学习案例分析 [J]. 现代远距离教育理论研究，2005，(5)：10—12.

在设计远程协作项目前，首先在线成立一项目小组，小组成员运用头脑风暴法讨论项目设想，并且在以后的项目设计中一起分担项目的各项任务。

步骤二：目标确定

项目目标是对项目主题的具体阐述。夜晚观星活动网站在首页就强调了学生在夜晚观星中可以学到以下几点：

1. 怎样在夜空定位和识别星群

2. 学生的观察是如何受到照明影响的

3. 学生所处环境下不同光源的影响力

4. 学会观察猎户星座

步骤三：项目开展

1. 项目参与者的确定

除了需要考虑参与者的年龄或者年级、地域外还应考虑项目的规模，夜晚观星活动是一个国际网络远程协作项目。

2. 项目实施周期

在夜晚观星活动中，要求参与者在 2006 年 3 月 22 日到 29 日进行观察，观察后数据的上传时间从三月份到四月中旬结束。

3. 操作指导和信息分享

在网页有教师提供的观星活动信息包，学生可以自行进行下载。项目会专门提供在线讨论的平台，参与者可以借助同步或异步的方式进行分工合作。比如：在线实时会议，异步的 BBS 论坛、电子邮件等。当然也有对信息发布平台进行成果展示。

4. 实践顺序

首先，在 2006 年 3 月 22 日到 29 日期间选择几个清晰的晚上。

其次，找到猎户星座（网站上提供不同纬度的猎户星座的示例图）。

再次，通过网站汇报你的观测情况。

最后，下载表格，填写观察情况。

步骤五：总结讨论

项目文件全部上交后，在平台开展讨论评选，以及对优秀作品进行展现，分析，讲解，让学生学习更多的有关观星的内容以及讨论解答在项目过程中遇到的普遍问题。

1. 交流平台的支持

近年来，计算机的发展，网络通讯越来越完备。这些都为网络远程协作项目学习的发展创造了条件。如果没有计算机的参与，则一系列的 CSCL 式协作学习行为都无法有效进行。

虽然所有的网络支持系统都能为学习者提供交流的平台，但并不是所有的网络学习平台都有利于学生的协作学习。我们认为，只有具有严格监控的网络模式、全面的认知工具、优质的协作资源、多样化的评价方式，才能创造出适合远程协作项目学习的网络平台。除此以外，需要考虑学生个人情况和需要，应尽量选择学生感兴趣的，适合其能力水平的远程协作活动平台。

2. 探究共享

网络远程协作项目跟传统的协作项目有所不同，每个协作分组成员都是来自世界各地的志同道合的人，通过对同种项目的兴趣而聚集在一起。但由于文化背景的不同，在探究过程中容易出现思想分歧，因此，应该加强彼此间的沟通，更好地进行信息的共享。

网络远程协作项目学习过程，其实就是共同探究分享的过程。确定好协作项目和小组成员后，各成员分头行动，根据自己的任务，充分发挥个人优势，通过网下网上深入协作的方式收集、分析、整理资料，并协商选择作品形式，共同完成作品的制作，[①] 最后上传共享成果。同时，可以通过观摩学习其他小组的项目成果，一方面展示了自己在项目中所学到的知识和掌握的技能，另一方面开阔视野，增长知识。

---

① 邹燕. 基于云服务的成人远程协作项目学习探究 [J]. 信息化教学，2013，(3)：20—21.

3. 在线互评

评价是项目教学的最后一个环节，也是必不可少的一个环节。一方面，教师可以根据每个学生上传的项目作品，观察其进步变化，可以查看讨论区的交流记录、网络平台上的资料搜索记录、在线学习的痕迹，最后根据对项目完成的贡献进行多角度、全方位评价。另一方面，采用形成性评价和综合性评价的统一，在协作小组间建立互评制度，组织学生进行学习反思，查缺补漏。通过这一系列的互评策略，不仅对学生的学习有改进和调节的功能，而且对学生的学习动机具有激发作用。

第二节　协作式项目教学的实施策略

受建构主义理论影响，基于项目的协作学习越来越受到教育者的重视。如何保证协作式项目学习顺利开展，如何在协作学习中提升能力？实施策略的目的是为了让学生在协作式项目学习中养成主动探究、团结合作、勇于创新的精神。因此，要建立以学习氛围创设、教师角色定位以及学习方式选择的策略体系。

蚂蚁行为探究①

步骤一：学习项目确定

在小学语文教材中有许多篇描写昆虫的文章，孩子们特别喜欢学习这类课文。在学习过程中，我们发现孩子们被神秘的昆虫世界深深地吸引，他们对昆虫产生了浓厚的兴趣，可以说他们已经不满足于书本上的那点知识。很多同学在学习之余开始自己研究昆虫：有的找来法布尔的《昆虫记》阅读，有的到网上查阅有关昆虫的资料，还有的同学到野外去观察昆虫……鉴于孩

---

① 唐晓勇. 在共享协作中携手同行——东西部远程协作学习《蚂蚁行为探究》的实践思考[EB/OL]. [2014-12-12]：新浪博客，http://blog.sina.com.cn/s/blog_60d194a90100iqer.html.

子们对昆虫的浓厚兴趣，我们五年级和六年级教师经过共同商讨决定，本次项目活动主题就从孩子们的兴趣入手，五年级一班与六年级二班一起研究我们身边的昆虫。学生围绕复杂的、来自真实情境的主题，在精心设计任务、活动的基础之上，进行较长时期的开放性探究，协作学习最终建构起知识的意义和提高自身能力。

步骤二：教学项目目标

通过五六年级学生之间的交叉学习，培养学生的沟通能力，锻炼学生的协作能力，在协作小组中积极主动讨论项目任务，让学生在大自然中感受发现知识的乐趣，在小组间完成发现问题，探究问题，解决问题。六年级学生在任务活动的开展中为五年级学生做出良好的榜样模范，帮助五年级学生，促进团队互助精神的发挥。在项目活动完成后，能写出对蚂蚁探究过程的文章。

步骤三：教学项目设计

协作学习是进行项目活动的基本方式，是保障学习质量的基础。在《蚂蚁行为探究》学习项目中，我们始终以小组学习为基本组织形态开展。同时，在整个活动过程中，我们五六年级教师充分关注异质分组、成员分工、小组活动等元素，有效组织两班学生以共同的研究任务为驱动，通过小组成员之间的合作、两个年级小组间的协作共享，不断推进研究的深入。

第一步：项目问题选择

活动前，教师组织五年级一班和六年级二班的学生共同讨论自己对蚂蚁感兴趣的问题。两班96名同学一共提出了150多个问题，最后经过整理归纳成了60多个有共性的问题。本次活动我们以两班师生最感兴趣的问题——"蚂蚁吃什么？"等多个问题为切入点让学生开展一系列协作探究活动。

第二步：分组协作

课前让学生在各自的班级根据自身兴趣，进行分组，然后将两班同种兴趣的小组进行合并，构成五六年级混合的小组模式。分组时，尽可能采取自愿的方式。每8~12人为一个小组，共9组。小组民主选取"项目队长"，教师可以安排助理，以便于协调和组织本小组的学习和工作。"项目队长"全面负责小组的学习讨论和落实项目任务的安排。小组首先在项目经理的指挥下，对各成员分工。

第三步：探究学习

概念图和思维导图等思维工具的运用为学生协作学习活动提供了研究支架。思维导图作为学生实践探究讨论的可视化支架，思维创新和交流合作的媒介支架，为学生进行深度思考和合作提供了有力帮助。如，"蚂蚁侦探队"小组在探究"蚂蚁为什么打架？"中，用思维导图共同绘制出了实验探究结果。小组成员在共同绘制和完善思维导图的过程中，需要学生以创新的思维方式，从不同角度思考问题。同时，通过合作绘制思维导图，提高小组成员间的协作能力以及认知和问题解决能力，在小组成员彼此交流的努力下完成思维导图。

第四步：总结提升

学生完成项目后展示自己的成果，各队对自己的成果进行总结和解说，并由其他组评价和补充。评选最为优秀的三组。最后，教师要求每位学生把活动的过程写成文章。

一、 策略一： 学习氛围创设

协作式项目教学的开展并不是在任何环境下都能进行的。对于学生来说，调动他们的学习欲望最有效的方法就是创设合适的氛围，激发其学习兴趣。学习氛围的创设不能凭借单一的力量营造，它需要的是文化、情感、沟通等多种因素的综合。

（一）开放、多向、共享的沟通氛围

在协作式项目教学中，学生间、师生间的沟通非常重要，我们倡导建立

开放、多向、共享的沟通氛围。"开放"指的是学生在协作中突破空间、时间、年级的束缚，充分利用有限的资源，开拓不同的学习思路，创新思维的一种学习氛围。"多向"主要是要求学生从多角度思考问题，培养发散思维，多听取协作小组的各方意见。哪怕是组外人员的意见，也要学会尊重，不随便打断，不急于下结论。只有善于倾听来自方方面面的信息，才能做到全面准确地把握信息，筛选正确信息。

萧伯纳说："你有一个苹果，我有一个苹果，我们彼此交换，每人还是一个苹果；你有一种思想，我有一种思想，我们彼此交换，每人可拥有两种思想。"在协作式项目教学中，我们要充分利用共享资源，将组内资源利用最大化。"共享"不单单能促进学术知识上的进步，更能有效地增强组内的凝聚力，增进彼此的感情。

（二）积极、向上、创新的文化氛围

优秀的团体离不开良好的文化氛围，良好的文化氛围是保持良性可持续发展的重要力量源泉。创建积极、向上、创新的文化氛围有利于激发学生内心深处的精神动力，从而达到"事半功倍"的效果。要形成如此的文化氛围，就需要教师密切关注学生的学习情绪，积极调动学生的学习兴趣。另外，协作团体要有"家"的观念，成员之间协助支持、信任尊重、融洽合作、相互认同。既然要营造创新的氛围，小组间就应该多进行"头脑风暴"式的讨论，激发新思想，寻找新思路。优秀的文化氛围是在团体成员之间的不断交流和互动中逐渐形成的，又时刻影响着团体不断向前发展。

（三）健康、适度、合理的竞争氛围

由于中小学生的好胜心比较强①，在班级学习中具有强烈的比较心理，因

---

① 刘马诗. 班级管理与竞争合作能力的培养 [EB/OL]. [2014—12—12]：百度文库，http://wenku. baidu. com/view/c5e336f29e31433239689393. html.

此在协作式项目教学中采取竞争的教学手段，效果会比较显著。但如果不加注意，则会导致恶性的竞争，激发学生间的妒忌心理甚至产生冲突和暴力行为。

在教学开展中，除了引导学生保持学习竞争的热情外，更应强调建立和谐的学生关系，促进健康适度的竞争氛围的形成。个人间、小组间的你追我赶，不甘落后的竞争氛围可以使得学生处于一种具有紧张感和压迫力的环境中，有利于激发学生学习的动力，提高学习活动效率；但值得注意的是，一切竞争和压力都应以适度为好。只有适度的竞争，才可以帮助学生增强自信心，找到学习的乐趣和成就感。一个班级的优秀程度并不单单取决于一两个优秀的协作小组，更重要的是班级的整体水平，只有班级共同进步，才是真正的进步。

二、 策略二： 教师角色定位

"百年大计，教育为本，教育大计，教师为本。"如果说教育是国家发展的基石，那么教师就是基石的奠基者。时代的发展赋予了教师更多的责任，同时在新课程改革的推动下，进一步强调了教师角色重新定位的必要性。作为"人类灵魂的工程师"，教师要逐步改进陈旧的角色弊端，努力为提高学生的认知能力和学习能力而不断完善自我。从单纯的知识传递者，逐渐向学生的学习伴侣、活动的指引者和辅导者过渡，向多重化方向发展，确立新的教师角色。

（一）由传授者向参与者转变

韩愈《师说》中的"师道，传道授业解惑也"影响了一代又一代的教师，但随着时代的发展，人们对现代教育有了更深的思考，慢慢地对教师的"传授角色"有了新的看法，并提出教学要从"重教师"向"重学生"过渡。

因此，教师更应以一个参与者的身份融入学生的群体中，为学生的项目学习出谋划策，咨询学生意见，关注学生喜好，根据学生的兴趣挑选项目任务。以友好、民主、平等的方式参与到学生的协作学习中去，更深入地理解学生，了解学生的学习进度和认知水平，从而更好解决学生遇到的困难，帮助引导学生走出学习误区。这样的教师将会得到更多学生的喜爱，也会更适合教学发展的要求。

（二）由控制者向辅导者转变

在素质教学风行的大环境下，教师过分控制教学的思路已行不通。如果教师在课堂上扮演控制者的角色，学生就只能被动地按照教师的步骤一点一滴地接受知识。如此一来，学生就难以发挥主观能动性，甚至会失去主动思考的习惯。

在协作式项目学习模式中，教师应充当"辅导者"的角色，要求具有先进的教育思想和教育观念。在教学中，辅导学生自己动手动脑，鼓励学生表达自己的思想和疑问，发现学生的不足，针对性地对学生进行提点和评价。

（三）由主导者向引导者转变[①]

协作式项目教学中虽然有团队力量的支持，但仍离不开教师的引导和管理，项目学习常常会因为缺乏教师必要的指导支持而失败。值得注意的是，教师的"引导"并不能取代学生的"主导"。教师的引导主要是为学生提供学习支架，让学生了解学习的基本流程与方法。同时，引导学生合理分配任务与掌握管理时间等技巧。在一定情况下，适当为学生提供必要的技术工具应用支持，帮助学生顺利完成项目任务。若学生遇上难题，教师也只能以引导者的身份，为学生指明方向。真正动手、动脑解决问题的还必须靠学生自身。

---

① 马秀芳，柯清超. 探讨远程协作项目学习的设计与实施［J］. 中小学信息技术教育，2012，（5）：12—13.

三、 策略三： 学习方式选择

协作式项目教学是一种开放式的教学模式，要从中正确选择学习方式，首先必须明确认识到协作式项目教学方式的多样性，然后对每种学习方式的优劣势、适用人群、学习环境的支持等多个方面进行初步的了解。同样是协作式项目教学，但不同的认知水平对学习方式的选择也有所不同。小学阶段大多采用"伙伴式"教学，随着学生的智力水平以及意识水平的提高，则可逐步采用较为复杂的学习方式，比如角色扮演等。只有密切关注学生的发展变化，逐渐探索新型的学习方式，才能为学生选择到更为适合的学习方式。

（一）互助伙伴式

在协作式项目教学中，我们通常采用以"互助伙伴式"① 为理念的协作学习模式。在协作间参与者以平等、互信的伙伴式人际关系为基础，以民主、和谐的氛围为特征，以伙伴互助的学习方式为载体，开展协作学习。这是一种以合作双赢为目标的符合人本理念的教学方式。

"伙伴协作式"项目教学除了能让学生在相互合作中有效、迅速地完成项目任务外，更重要的是让学生学会如何与伙伴相处，改变唯我独尊的习惯，在协作过程中接受伙伴的意见，积极发展自我。

（二）相互竞争式

"没有竞争，就没有进步。"竞争是使人们更发奋工作和学习的主旋律。社会各行各业的发展离不开竞争，协作式项目教学同样需要竞争。心理学研究表明，竞争能使人求胜动机更加强烈，注意力更为集中，思维更加活跃。协作式项目学习的竞争主要体现为小组间的竞争，这种竞争可以使学生在各

---

① 朱建. 论协作学习模式在大学教学中的应用 [J]. 南京邮电学院学报，2001，（4）：54—58.

自的小组活动中竭尽所能，尽心尽力为小组争取更好的分数，以此培养学生的集体荣誉感、责任感。

（三）角色扮演式

角色扮演指的是以演出的方式来组织开展教学，寓教学于表演当中；学生在角色扮演和角色交换中学习科学知识，培养与人交往能力的一种教学方式。每个协作成员都有机会担当不同的角色，角色间的关系既有相互制约的，也有相互关联的。比如，在黑板报协作项目任务中，项目角色分别有板报设计人员、选稿人员、总编、执行等。学生扮演角色，调配分工，在模拟情景下进行协作式项目学习，适当时候还可以根据需要进行角色互换。

显然，如果我们在教学上能充分利用角色扮演的方法，那么就能容易激发学生的兴趣，可以使学习更加生动活泼和丰富多彩，甚至让学生感受到同学之间不单单只是竞争的对手，更是促进学习的帮助者。

第三节　协作式项目教学的经典课例

在项目教学的课堂中，为了提高学习效率，必须从各个方面进行协作，其中包括明确的分组、任务的分配、资料搜集以及项目成果制作。以下是历史科目中"探究辛亥革命的影响"协作式项目教学的案例。其中最突出的就是协作分组的安排，教师经过深思熟虑把项目任务按照一定的分类标准划分成多个板块，包括：经济组、政治组、思想组、社会生活组，然后为每一小组提供项目协作的问题和方向，让其进行自由的小组讨论和资料的搜索整理，直至完成项目任务。

一、经典方案

项目学习在小学语文教学中的应用①

步骤一：选题

单元导读中有"了解鲁迅并阅读鲁迅的作品"的具体要求。在教材单元中选择了《少年闰土》《我的伯父鲁迅先生》《一面》《有的人》四篇文章。因此，确立以"鲁迅印象"为主题的项目学习活动，构建阅读任务，以任务驱动的学习方式，推动学生对鲁迅的了解，阅读他的作品，为今后进一步学习他的文学作品作好铺垫。

步骤二：分解

通过分析单元目标和教学重点，确定将"鲁迅印象——我心中的鲁迅"这一驱动问题分解成"看作品识鲁迅""听亲人说鲁迅""读朋友写鲁迅"三个子主题。

步骤三：阅读

根据分解好的子主题，确定子主题的阅读书目；列出阅读书目是帮助学生能围绕主题展开阅读，理清人物、事件关系等。

步骤四：分组

教师做好以上的准备后，就可以着手分组了。考虑到学生的年龄特征和学段特点，一般采用"组内异质，组间同质"的形式分组，每组5人。班级有54人，所以会分成11个小组。

步骤五：任务

任务分成两个部分。第一部分是公布项目学习的核心驱动问题："你眼中的鲁迅是什么样的人？"第二部分是小组内依据核心驱动问题的任务要求，根据自己小组的选题展开讨论，从而选择适合本组成员可完成的具体的小任务。

---

① 田科. 项目学习在小学语文教学中的应用——以"鲁迅印象"为例 [J]. 教育，2015，(1)：42.

步骤六：交流

交流汇报的过程也就是项目成果展示的过程。在交流活动中要注重"教师、学生、文本、教育（硬、软）技术、资源"的相互作用，在项目学习过程中产生互动，使学生在主动参与过程中产生积极变化。

二、 实施方法

（一）采取动态式协作[①]

动态式协作指的是教师根据不同的课程阶段，关注学生不断变化的学习状态，以制订适应变化的协作项目计划的一种教学手段。基于动态式协作，教师不能一成不变地按照固定的模式开展项目教学，而要在事前充分考虑各个知识点的相互关系，将知识进行分类，制作多个后备方案，为学习过程中可能出现的动态变化做好应对的准备。

（二）规划三大模块

任何事情都要有规划，教学也不例外，要实施一次优秀的协作式项目教学，我们必须规划好三大模块：任务模块、奖励模块、权威模块。

"任务"是项目教学的基础，任务的确定至关重要。在教学中，教师间应进行详细的协作商议，包括难度的调配，小组分配，项目要求之间的差距，最后再根据学生的实际水平进行任务的确定。

"奖励"是学生进步的重要外在动力。无论是哪种教学都要注意多通过奖励来提高学生参与教学的积极性。奖励的形式应呈多样化：个体奖励、群体奖励、物质奖励、精神奖励等等。教师要善于从多方面发掘班级或同学的优点，通过奖励增强他们的自豪感、成就感。特别是在项目教学过程中，只要

---

① 石建辉，刘颖. 基于动态协作学习的课程教学研究 [J]. 中国电力教育，2011，（17）：14-16.

积极参与的学生，不论其项目成果如何，都应得到奖励和认可。

"权威"的存在是为了能让教学更顺利更科学地进行，参考多个教育者的权威意见，借助他们的力量更好地进行项目任务的确定，项目的评价反思总结，能让协作式项目教学发展更趋向科学化、有效化。

（三）建立集体凝聚力

在协作式项目教学的理念指导下，集体凝聚力成为影响教学成败的一个重要因素，和谐的师生关系、同学关系是进行协作学习的基础。集体关系的和谐是一种学生之间相互交流、相互喜爱的心理情感关系；要求全体师生在教学中本着真诚、平等、宽容、互助等原则开展教学。协作学习需要集体凝聚力，集体凝聚力也可以通过协作的方式进行强化。在协作小组实现项目任务过程中，每一个小组目标的实现，都是全体成员共同努力的结果。他们共同分享协作的甜酸苦辣，在不知不觉中形成集体的荣誉感和责任感。

第四节　协作式项目教学易出现的问题及解决方法

为了让协作式项目教学有更好的发展，在教育路上走得更远，必须不断地进行教学的反思和总结，善于发现教学中的问题，并积极探求其解决方法。协作式项目教学在中小学中发展缓慢的原因主要表现为三个方面。第一，经常受到传统教学的冲击，导致使用不普遍，发展不成熟。第二，难以控制课堂纪律。协作式项目教学给予学生极大的自由空间，一旦松懈，容易造成学生过分放松学习，不利于教师管理课堂。第三，知识结构薄弱，脱离了教师的全面指导，学生难以独立构建完整的知识结构。

一、传统教学上的改进

在新课程推进的时代背景下，许多教育者对传统教学上的某些观点提出质疑和否定，越来越多的人呼吁改进传统教学，运用现代教学模式培养人才。从协作式项目教学的发展角度来看，传统的座位编排方式和教学内容设计对其影响是最大的，我们必须认识这些模式的弊端并予以克服。

（一）座位的编排方式①

如果学生在协作式项目教学中仍出现孤军作战的状态，就必须改变传统的座位编排方式。过往的座位编排方式一般为"秧田式"，这对于协作式项目教学的操作存在极大的障碍。针对这个问题，有人提出"圆桌式"教学，目的是为了创设良好的教学氛围。学生在圆桌上能够更为方便地进行思想的争锋讨论，促进对项目任务的思考。另外，经过座位的重新编排后，教师可以一改过去在讲台上"高高在上"的姿态，积极参与到学生的圆桌讨论中去，不但可以充分听取学生的讨论过程，了解学生的思路，及时为学生的协作提供相对应的意见，而且有助于形成良好的师生关系。

（二）教学内容的设计

传统教学的内容设计，通常是四部曲：复习旧知识、讲授新知识、作业练习、测验巩固。这种设计只能传授书本知识，并不能有效地提高学生的学习能力。甚至有些教师为了顺利完成教学计划，采取满堂灌的错误方式。针对上述情况，协作式项目的教学设计进行了三大方面的改进：第一，采用开放性手段，项目任务从教材扩展到生活，让学生在协作实践中形成能力。第二，协作目标从知识扩展到能力，不满足于教材知识的传授，着力培养学生的观察能力、思维能力、表达能力。第三，采用新型教学设计方式，善于将中心辐射式、立体分解式、分层递进式等融入到协作式项目教学上，进一步

---

① 三十家子初中. 圆桌式小班额教学工作的尝试和探索 [EB/OL]. [2012—12—12]：豆丁文库，http://www.docin.com/p—437824825.html.

提高教学效率，促进教学的顺利完成。[①]

二、 课堂纪律的控制

课堂纪律问题是课堂管理最常见也是最关键的问题。即使拥有再好的教学理念和教学模式，如果课堂纪律控制不好，也会对教学活动的顺利进行产生极大的阻碍。在协作式教学中，尤其是圆桌式教学，虽然在一定程度上拉近了学生间的距离，有利于交流协作，但也制造了学生在课堂上闲聊的机会，甚者还会扰乱课堂秩序。要有效管理课堂纪律，建立充满生命力的协作教学，就应该从学生的认知水平、性格差异、师生关系这三方面着手。

（一）认知水平

在协作式项目教学中，每个学生的认知水平都有所不同，要使学生在课堂上有良好的表现，自觉遵守纪律，就需要学生对所开展的项目学习有足够的兴趣并从中取得优越感和满足感。

对于学生而言，如果项目任务极大地超过了他们的认知水平，就会导致学习情绪低下甚至直接放弃学习任务，造成学生在课堂无所事事，甚至影响其他学生学习的局面。如果任务太过简单，则会让他们沾沾自喜。以上两种情况都会极大地影响课堂纪律，阻碍教学的顺利开展。因此，教师在安排项目任务的时候应该充分考虑学生个体的认知水平差异，根据不同情况，安排适合的协作小组，适当的协作任务。学生能全心投入到充满乐趣的课堂，纪律问题自然就迎刃而解。

（二）性格差异

性格差异从人格维度和心理学角度来说都会影响课堂纪律行为。性格外

---

① 蔡卫东. 物理研究性学习内容设计 [EB/OL]. [2014-12-12]: 豆丁文库, http://www.docin.com/p-645691511.html.

向的学生较冲动，情绪易受到刺激，不稳定，易发脾气。若此类学生一旦认为项目任务乏味，过于简单或偏难，或者与团体中的成员产生了矛盾和意见分歧，就容易爆发情绪，做出违反课堂纪律的行为。而内向的学生不喜欢被打扰，情绪比较稳定，他们比较容易遵守秩序。若是组内有过分兴奋、吵闹的情况出现，他们就会对小组教学产生排斥心理，不愿意参与到小组项目活动中去。因此，为了更好地避免学生间因为性格而产生的扰乱课堂纪律的行为，教师与协作小组队长必须做好组内人员的搭配工作，在事前做好相关的合理分组工作。在开展教学的过程中，应让学生在小组协作中学会关心彼此，了解彼此，共同建立良好的同学关系，营造良好的纪律氛围。

（三）师生关系①

教师与学生之间关系的好坏，直接影响着课堂纪律的管理。若是师生间有着良好的感情，相互尊重，友爱相处，那么只要教师稍稍提示就能使学生自觉遵从教师的意愿；相反，如果师生之间没有建立相互理解的关系，关系紧张，那么即使是教师严厉责备，也只是带来一时的表现效应。

在班级管理上，教师要经常给予学生表扬和鼓励。教师不要每次都对学生的问题行为作出消极评论。如果教师频繁地对学生作出消极评论，那么学生要么会对学习失去兴趣，产生厌学情绪，要么会变本加厉，继续扰乱课堂。

三、 知识结构的调整

知识结构调整既是教学过程的要求，也是评价教学成果的重要依据，必须得到重视。在协作式项目教学中，要找到一个适合自己的最佳知识结构并不是一件容易的事。在这里我们提出要增强知识结构的整体性和稳定性。

————————

① 遵守纪律的重要性［EB/OL］．［2014－12－12］：百度百科，http://jingyan. baidu. com/article/9f7e7ec07a2de96f2915545e. html.

（一）宏观把握，建立知识结构整体性

如果学生的知识系统支离破碎，就会比较容易出现因零散知识较多，而难以建立完整的知识结构体系的情况。此时，我们要求学生从自己的实际出发，根据项目目标要求，宏观把握现有知识，然后再深入知识内部进行逐一击破，达到由表及里的效果。在协作式项目教学中，每一项任务本身就是一个有机整体，越能从整体上把握知识，就越容易建立完整的知识结构。

（二）降低难度，增强知识结构稳定性

随着协作式项目教学越来越受到重视，教育者不断地为其增添更为丰富的元素，项目内容更为复杂，难度越来越高。在中小学阶段，学生可以在教师的指导下逐渐理解和实践协作式项目教学的任务。但随着项目任务难度的增大，学生对项目的理解越来越困难，这将会大程度地增加学生的认知负担，降低学习效率，最终导致形成的知识结构薄弱。针对以上的情况，协作式项目的任务应该力求简略，要求明确，让学习者易于理解、易于执行，并积极鼓励协作小组在初步完成任务的基础上，自行对所学内容进行整理，弥补不足之处，保持知识结构的稳定性。

第九章　项目教学的评价设计

传统教学评价属于竞争性评价，这种评价不利于大多数学生的发展。项目教学的评价是开放性的，没有"标准答案"，只有"得理答案"，只要言之有理，论点得到相关资料的支持，就可以得到认可。项目教学主张采用多元评价来考察学生的作品，倾向鼓励性，鼓励学生提出一些不同的解决方法，以及对学习成果进行拓展和推广。强调反思性，要求学生对学习成果进行反思，敢于修正自己的错误，吸取他人的优点。

第一节　项目评价要素

教学评价作为教学管理与指导的主要手段，可以为教师在教学决策和课堂教学上提供科学的信息和依据，建立合理的评价体系有利于达到评价目的，实现评价目标。为了获得良好的效果，项目评价必须做到既要能够对学生的学习成果进行合理公正的评价，也要关注学生学习的过程；既要加强教师的评价力度和水平，也要发挥学生自评他评的作用。利用评价的内在激励和诊断作用，有效地帮助学生更好地认识自己、赏识自己、建立自信、正视不足，在原有的基础上有所进步。

一、 评价的基本分类

（一）自我评价

这是中小学项目教学不可忽略的一项有效的评价方法。内容包括：课前预习情况、项目思考情况、课堂的参与程度，小组交流程度等。由于自我评价的要求和难度不高，因此可以普遍地适用于各科教学，也就是说，每个学生每天都可以对自己的学习情况做一个评价记录。值得注意的是，自我评价的作用不是给自己贴上"好学生"或者"坏学生"的标签，而是通过实际的记录，感受自己平时的学习情况，学习的态度，以养成良好的学习习惯。另外，通过这种评价，能够让学生及时进行反思和改善。对于教师而言，学生自我评价中的内容表现，能够极大程度地反映着个体特征，能够帮助教师更为深入地了解学生。

（二）他人评价

为了提高项目教学评价的信度，我们通常会提倡采用"他评"的评价方式。我们可以试想，如果单单从学生自评以及教师评价的角度来判断学生的学习过程和结果，显然不够严密。在项目教学中，他评的对象主要是学生所在小组的成员，小组内的接触是最为密切的，能够很好地反映学习过程的表现。另外，有研究表明，一段时间的他评、小组互评制度的实施，可以让学生更为清晰地了解自我，也提高了小组内部的竞争学习氛围。

（三）综合评价

在传统的综合评价中，主要做法是指几个教师分别进行评价，然后把他们的分数和意见整合起来。但项目教学的综合性评价主要是汇总前两个阶段的自评、他评的意见后再加上教师对学生的学习成果和表现的判断，最后形成总的评价，在有条件的情况下，还会加入父母的评价。除了评价主体的多样性外，在不同的评价模块中，通过采取不同的权重，设计不同的分值。最后，还要考虑学生的个体差异，杜绝把考试作为唯一的评价方式。教师要灵活根据不同的项目要求和目标，抓住评价的关键，突出重点，对学生进行全面综合的评价。

二、 评价的基本原则

对于任何一种教学而言，评价都能在最后起到画龙点睛的作用，既发掘亮点又能指出不足，确是提升教育质量的重要手段。而评价原则的确定又是实施教学评价的关键性环节，直接关系到教学评价的指向和功能的发挥。这里介绍几点关于项目教学的基本原则：准确性原则、系统性原则和针对性原则。

（一）准确性原则

只有把握了评价的准确性，才能保证评价的有效性。这个过程需要评价者多审视，忌讳直接告诉学生哪里好，哪里不好。这不但容易打击学生的自信心，同时也养成了学生依赖教师，缺乏自我审视能力的坏习惯。所以，在对学生进行评价时教师与学生都应尽可能做到多审视，多思考。比较好的做法是教师在评价前多与其他同行进行讨论，客观分析教学情况，充分考虑学生的认知水平，对比学生以往的学习情况，在多方面考虑和审视后再对学生的行为表现做出相应的评价，这样既能保证评价的准确性，也能较好地分析学生的个别变化。

（二）系统性原则

项目教学评价的系统性主要是强调教学评价的过程性和结果性的统一。

如果评价的对象是教师，那么主要是对其在课堂调控、引领思考、梳理检测几个方面进行系统评价；如果评价对象是学生，那么主要是对其在项目教学中的学习方式、情感变化、学习成果进行评价。从教学系统论的观点来看，教学本身就是由多个模块拼接而来的，这种拼接是有目的、有顺序的，每一个模块环节之间都必须有机配合、相互影响，因此，在进行项目教学评价的过程中要想全面、客观地评价教师和学生的教学质量和水平，就不能单单围绕结果进行评价，必须尽可能地深入到教学过程中的每一环节，保证其系统性。

(三) 针对性原则

在中国有这样一句名言："放箭要对准靶子。"当然这并不是要你在评价时把教师或学生当作靶子，而是借鉴这种方法：欲将评价其项目，首先要找准其教学项目的靶子所在。

在前面所提到的任何一类项目教学中，它们所强调侧重的要求和内容都有所不同，如调查式强调调查过程，任务式强调任务驱动等。另外，对于不同的学科也有不同的评价内容和评价方法。因此，在不同学科不同项目类型的评价中，评价者绝不能采取"一棒子打死"的手段，用相同的眼光和标准去衡量教学质量。比较合理的做法应该是充分了解此次项目教学的具体要求，根据其学科特点，针对性地编制出符合该学科教学实际的评价工具。

三、 项目评价的基本功能

项目评价过程的确具有其不可媲美的魅力，然而，并不是每一个教育者都能认识到项目评价可以发挥作用。首先，项目教学的评价能够测量并判定教学效果，是教学中的一项重要内容。另外，项目教学还能起到一定的检测作用，能够对学生的教学态度，能力，学习适应性、创造性以及学习问题做出反映，根据得到的评价结果采取相应的措施。

（一）发现问题功能

现代教学理论认为，评价是对教学的结果和过程进行综合分析的过程，是让学生和教师不断超越和提升现有状态的活动。系统而具有针对性的评价，可以让教师迅速了解项目教学各方面的情况，包括学生的学习状态，参与的深度与广度，学习效果等，以此来判断教学的成效和缺陷、矛盾和问题，达到及时发现教学问题的目的，能够总结经验教训。

（二）调控修正功能

评价得到的结果必然是一种反馈信息，这种信息可以使教师及时知道自己的教学情况，也可以使学生得到学习成功和失败的体验，从而为师生调整教与学的行为提供客观依据。由此可见，项目教学评价具有强大的调控修正功能，有着不可替代的地位。[①] 教师应该根据评价的信息，反思教学不足之处，回顾自己是否对项目的内容把握不到位，是否对学生的认知水平了解不足，是否缺乏考虑学生的学习兴趣等。值得提醒的是，评价信息越能及时反馈，对教学的调控修正作用就越明显，教学效果就越接近预期的目标。

（三）激励前进功能

研究表明，经常对学生进行不同层次的评价，能够有效地促进学生的学习动机。在项目教学评价中，除了应该采取教师评价，学生自评，师生互评等多元评价的形式外，教师还需要注意掌握评价的力度，不能盲目过高或过低进行评价，只有做到恰如其分才能起到唤醒、激励的作用。同时，教师不能看轻学生的自评环节，在学生的自评中，往往能看出学生的性格和自我态度，教师只要顺着学生的自我评价进行相对应的引导，必定能到达事半功倍

---

① 佚名. 教学评价的功能 [EB/OL]. [2014—10—12]：百度文库，http://wenku. baidu. com/view/fec1b76ea45177232f60a2f7. html.

的效果。法国教育家第斯多惠曾说："教学艺术的本质不在于传授，而在于激励、唤醒和鼓舞。"充分利用项目评价对教学过程的监督引导作用，对教师和学生一定会起着促进和强化的作用。

第二节　项目评价标准

教学评价标准的确定是保证准确、全面、有效地进行评价的基础，也是使评价功能得以正常发挥的前提条件。项目教学的评价首先应从评价对象着手，有针对性地提出主体发展的培养目标。另外，项目教学评价的标准应该是能体现现代教学观的。加强评价的有效性和发展性，同时要坚持以学生发展为本，以科学探究为核心，以培养良好的学习素养为宗旨，为教师更好地开展项目教学提供思路和方向。

一、评价标准的基本

"树有根，水有源。"随着课程改革的深入以及教学要求的不断提高，评价标准也有所发展。但不论评价的标准如何发展，最根本的几个要素还是要得到充分的重视，不能盲目摒弃。这几个基本要素分别是：主体的参与、目标的体现、有效性的重视。这些可以为项目教学评价奠定基础，有助于保证评价取得基本的成效。

（一）要求评价主体参与

在项目教学中，学生是教学开展的主体，教师是学生的顾问，教练和导演。项目教学的根本目的是为了每一位学生的发展，它的评价应以促进学生全面发展，教师教学能力不断提高，以及教学质量不断改善为标准。

在传统的课堂教学中，我们更多地强调教师对知识的传授以及教师的主导作用。因此，在进行教学评价的过程中，主要关注教师的课堂表现，关注教师是怎么讲的，是否讲得精彩，却很少关注学生的学习表现。但现在看来，这样的评价是偏移了以"学生为主体"的新课程理念的。新课程标准提出教学评价应侧重以学生的发展为本，除了关注学生学习的结果，更应强调学习的过程，尽可能地帮助学生认识自我，发展自我。摒弃单纯评价教师的片面做法，把评价的重心转移到学生身上，让学生通过项目教学的评价更快更好地改善自己，得到提高。

（二）加强目标评价体现

美国心理学家加涅将教学目标做了以下几个分类：言语信息、智慧技能、认知策略、动作技能、态度。教学目标评价是教学评价的一个重要的环节，通常衡量一节课是不是真的有效，首先要看的就是教学目标是不是真正地落实和达成。研究表明，在教学目标的评价上，有以下两个常见问题，第一，教师狭隘地理解教学目标。过去的传统教学中，教师仅仅把知识技能作为唯一的教学目标，过分地忽略学生的情感价值观以及教学的过程方法。以至于在教学目标评价上造成单一机械的误差，缺少对学生情感价值等全方位的评价。第二，在教师过分地干预教学下，学生单独完成项目目标的能力比较差，以至于极少教师愿意就学生单独完成项目目标的程度进行评价。①

（三）实现评价有效性

苏霍姆林斯基说："如果学生在掌握知识的道路上，没有迈出哪怕是小小的一步，那对他来说，这是一堂无益的课。无效的劳动是每个教师和学生都面临的最大的潜在危险。"项目评价的有效性，可以是教学目标的实现，可以是学生的积极参与，动手，动脑解决问题能力的提高，还可以是学习热情的激发等等。但"有效性"是很难把握的，哪怕是富有经验的教师也难以保证

---

① 韩立福，等. 目标评价理论与教学目标评价 [EB/OL]. [2014－10－10]：360doc, http://www.360doc.com/content/11/0218/09/921379_93972815.shtml.

每一次的项目教学都能达到一定的有效性。因此，比较好的解决方法是多做评价反思。叶澜教授说："一个教师写一辈子的教案不一定成为名师，如果一个教师写三年反思有可能成为名师。"每一次教学评价，教师都应该反思自己是否考虑了整体性，是否对某部分群体进行针对性的评价引导，是否充分地考虑学生的能力需求和情感变化等。持之以恒，教师自然而然地能够更好地进行项目评价，增强评价的有效性。

二、 评价标准的指标

　　教学评价对于课堂教学具有极大的调控功能，有利于提高教学质量，适应教学改革的要求。任何教学实践都离不开评价，而要进行项目教学评价，关键是建立一套科学合理、切实可行的评价指标体系。[①] 虽然每一门科目的性质各异，评价目的与要求不同，要制订一套具有广泛适应性的项目教学评价体系是困难的，但是它们都有一定的共同之处。教学评价指标的建立是为了能够反映教学过程中某方面的行为特征，分析其本质原因，巧妙地利用指标引导教学行为，提高教学质量。

表 9—1　学生项目课堂表现评价表

项目	A级	B级	C级	自我评价	同学评价	教师评价
认真	上课认真听讲，积极投入课堂项目学习，参与讨论态度认真	上课能认真听讲，能基本投入课堂学习，有参与讨论	上课无心听讲，经常游离课堂外，极少参与讨论			

---

① 王树洲. 高校课堂教学评价指标体系的构建 [J]. 江南大学学报（教育科学版），2009，(1)：49—50.

积极	积极举手发言，积极参与讨论与交流，大量搜集课外资料	能举手发言，有参与讨论与交流，有阅读课外资料	很少举手，极少参与讨论与交流，没有阅读课外读物			
自信	大胆提出和别人不同的问题，大胆尝试并表达自己的想法	有提出自己的不同看法，并作出尝试	不敢提出和别人不同的问题，不敢尝试和表达自己的想法			
善于与人合作	善于小组合作，虚心听取别人的意见	能与人合作，能接受别人的意见	缺乏与人合作的精神，难以听进别人的意见			
思维的条理性	能有条理表达自己的意见，解决问题的过程清楚，做事有计划	能表达自己的意见，有解决问题的能力，但条理性差些	不能准确表达自己的意思，做事缺乏计划性、条理性，不能独立解决问题			
思维的创造性	具有创造性思维，能用不同的方法解决问题，独立思考	能用教师提供的方向解决问题，有一定的思考能力和创造性	思考能力差，缺乏创造性，不能独立解决问题			

我这样评价自己：

伙伴眼里的我：

意见建议

注：

1. 本评价表针对学生课堂表现情况作评价。

2. 本评价分为定性评价部分和定量评价部分。

3. 定量评价部分总分为 100 分，最后取值为教师评、同学评和自评分数按比例取均值。

4. 定性评价部分分为"我这样评价自己"、"伙伴眼里的我"和"老师的话"，都是针对被评者作概括性描述和建议，以帮助被评学生的改进与提高。

（一）课堂教学评价指标

在项目教学的评价指标中，我们通常分为两个模块，一是对学生学习情感态度的评价，二是对学生学习能力表现的评价。就学习的情感态度而言，评价主要包括以下几个要素：兴趣、态度、动机、自信心、自主性和意志，目的是为了让教师根据学生的需求在课堂上确立相宜的教育观，转变教育观念。在项目教学的课堂上"巧用教材"，积极调动学生自主学习的兴趣，积极性；就能力表现而言，主要是评价学生的课堂适应性，分析学生对课程的理解程度，以及学以致用的能力。除此之外，为了更好地发挥教学评价的作用，在设计评价表时，在一般的评价指标以外还会增加"意见与建议"这一项。由评价者对评价对象的教学行为进行定性分析评价，并提出因人而异的教学建议。

（二）角色态度评价指标

新课标提出"以人为本，以学生的发展为本"的人文主义观念，强调在教学的过程中除了关注学生的认知因素，还不能忽略引导学生构建学习角色，培养良好情感态度，树立正确的价值观。现代教育表明，把关注学生情感态度有机地贯穿于教学内容中去，并有意识地贯穿于教学过程，有利于发展学生的兴趣、动机、自信和合作精神。合作学习是项目教学一鲜明特征，因此在角色态度的评价中，除了要对学生"学习者"的角色进行评价外，还应以"合作者"的角色对其进行评价，加强学生的合作交际能力。

（三）教学成果评价指标

项目教学法是通过实施一个完整的学习项目而进行的教学活动，有效地把理论与实践有机地结合起来，充分发掘学生创新思维的同时，提高学生解决实际问题的综合能力。对于项目教学而言，项目成果是整个评价系统中的关键部分，在项目实施的过程中，教师将需要解决的问题或需要完成的任务以项目的形式交给学生，由他们按照实际工作的完整程序，共同制订计划，共同或分工完成整个项目。由此可见，项目成果的评价对于教师和学生而言都具备重要的客观意义，也是评价的重要依据之一。

表 9-2　《制作"家乡风光游"作品》项目学习成果评价量表①

等级＼指标	A（4）	B（3）	C（2）	D（1）	自评	互评	师评
内容完整性	我能够围绕主题进行制作，能够对作品进行美化加工，布局合理，整体感觉美观。	我能够围绕主题进行制作，布局比较合理，整体感觉比较美观。	我基本能够围绕主题进行制作，效果一般，整体感觉一般。	我不能围绕主题进行制作，效果较差，整体感觉不好。			

_____

① 佚名. 项目学习成果评价量规（评价表5）[EB/OL]. 百度文库，http://wenku.baidu.com/view/d960c715cf84b9d528ea7ad3.html.

文字表述	我能使用生动、准确的语言；能引发观众的兴趣；能灵活地使用信息传递和交流技巧。	我能使用生动、准确的语言；能灵活地使用信息传递和交流技巧。	我基本能表达自己作品的主题，但语言使用有所欠缺；基本能使用信息传递和交流技巧。	我未能向同学汇报自己的成果。		
数据准确性	调查的数据非常准确。	调查的数据比较准确。	调查的数据基本准确。	调查的数据不准确。		
对家乡的了解	我对家乡的自然景观、风俗文化认识透彻，真正发挥出小导游的作用。	我对家乡的自然景观、风俗文化有一定认识。	我能根据自我所知，基本能向观众介绍家乡的情况。	我对家乡的认识有待提高。		
小计						
得分						

三、 评价标准的要求

项目教学评价标准应该是一种具备真实性、全程性、多元性以及多样性特点的一种指导。这要求在制订评价标准时要致力于将教学过程，教学情景以及学生表现融为一体，能够关注学生的学习方式、思维逻辑、人际交流能力。学生是独立的个体，评价的标准也应考虑个性差异评价问题，以多角度、多形式的评价激发学生展现自身能力和特长，增强项目教学的创造性。

（一）重视发展，实现评价功能

教育要面向现代化、面向世界、面向未来。在项目教学的评价中要强调素质教育，关注学生掌握知识、技能的过程和方法，以及与之相随着加强个人良好学习品质，个性形成。评价不单单是一种定位与鉴别，更应该是一种促进手段，帮助学生学习，提高教师专业发展。

（二）重视过程，突出评价重点

《基础教育课程改革纲要（试行）》在评价观上的改革中提出"要倡导过程性评价，突出评价促进学生发展的功能"，并明确要求建立促进学生全面发展的评价体系。对于学生而言，即便是学习的结果很好，但过程仍会有需要继续改进的地方，单单只有终结性评价是远远不够的，项目教学的评价应该是贯穿于教学活动的每一环节，只有结合具体情况，深入关注学生的学习过程，并及时对之进行诊断，了解学生的发展需要，才能帮助学生尽可能地在原有的基础上提升自己。

（三）重视差异，保证评价多元化

每一位学生都是一独立个体，由于从小到大的生活环境、认知水平以及理解能力上的差异，造成了每个学生都有不同的优势和发展特点。因此，在评价过程中，首先要承认和尊重学生的差异性。在设定评价标准时，切忌单一和机械，忽视学生的个体差异和个性发展，要适当地顾及学生的自我发展方向和学习需求等方面的差异。依据学生生理特点、心理特征、兴趣爱好等，全方位对学生进行评价，让每个学生都能得到属于自己的评价。除此以外，项目教学的课堂也是变化的，每一层次的内容学习对于不同学生而言都有不同的难度体现，从而产生不同的效果，由此看来，更不能采取"一刀切"的评价标准。

第三节　项目评价方法

随着应试教育向素质教育，守存教育向创新经验，接受教育向独立教育的转变以及新课程理念的发展演变，更多的学者对教学评价方法提出了新的要求。[①] 面对这样的形势，项目教学评价提出了自己的一些新对策。首先在评价上要有针对性，不能泛泛而谈，要找准学生的问题，做到一针见血。另外，要多采用激励表扬的方式指导学生，让学生在爱的关怀下得到启发，得到进步。

激励表扬，打开心灵的密码

小鑫同学，在每次进行项目课堂学习，开展小组活动的时候，学习态度就特别不认真。并且她常惹是生非，做项目时，自己不认真，还要去影响别人，一会儿跑到这组瞧瞧，一会儿动动那个，加上她嗓门很大，搞得其他同学不定心。看见别人讨论，她也要挤上一脚，总是打乱别人的小组安排。班主任杨老师批评她，她也是一副无所谓的表情，让老师感到很头痛。

有一次，语文课堂开展"生活中的歇后语"的项目教学活动。小鑫又在捣乱。杨老师盯着她，可一转身她又在聊天了。杨老师走到她身边，正想好好地骂她一顿，小鑫赶紧站起来说："老师，我在讨论问题了。"听了她的话，杨老师心想：骂她也没用，不如换个方式。于是，她按捺住火气，微笑着对小鑫说："我知道，你可能是遇到难题了，所以去向同学请教吧？老师最喜欢这样的同学。来，好好跟同组的同学讨论讨论。"小鑫用不相信的眼神盯着杨老师，看了好久，随后乖乖地投身到小组的讨论中去。课后，杨老师了解到，小鑫跟同组的成员合不来，因为同组的成员成绩都非常好，只有她比较差，她总是觉得自己比不上她们，不好意思参与到她们的讨论中去。搞清情况后，

---

① 王素瑛. 论教育教学评价方法的发展及创新走向 [J]. 绵阳师范学院学报，2007，(10)：125－126.

杨老师特意找到组长，让她以后多注意分配好项目任务，让每个成员有所为。另外还找来小鑫，对她说："虽然你平常有点好动，但老师认为你还是很聪明的，今天看到你很认真地投入小组的项目，老师奖给你一个小精灵，相信你能成为更优秀的学生。"小鑫再次用诧异的目光看着杨老师。最后，杨老师还跟小鑫下了一个约定："下周的课，只要能主动完成老师提出的两个课堂项目要求，我就给你们小组加一颗星做奖励。"小鑫一听到自己能够为小组加分，开心得使劲点头。

（一）准确评价，摆正位置

教学评价是根据教学目的和教学要求，利用所有可行的评价方法及技术对教学过程及预期的一切效果给予价值上的一种判断。这种判断必须尽可能地准确，准确性是项目教学评价的灵魂。这要求教师要有睿智的思想和敏锐的目光，能够透过项目教学的过程以及学生完成的项目成果，从中分析归纳出学生的本质，发展规律和特点从而对其进行评价，这种评价并不是简单的对或错；或者一味地肯定或批评，而是客观地提醒引导学生，为他们提出建议，让他们在以后的学习中更准确地找到自己的发展方向。

（二）表扬评价，赏识鼓励

德国教育家第斯多惠说："教学的艺术不在于传授本领，而在于激励、唤醒和鼓舞。"在项目教学评价中，表扬评价是一种最常用、最简便而又必不可少的基本评价方法。对于学生而言，教师的激励，特别是针对性的、具体的表扬评价，能够极大地激发学生的潜能，使他们的心智开启。

教师的表扬性评价可以在实施过程中进行，也可以在总结反思中提及；可以是一个动作，一些语言，一份关心。然而这些细小的评价能让学生及时发现自身的闪光点，增强自信心，体验到学习的喜悦。但值得提醒的是，表扬评价必须有"度"，千万不可滥用。如果每次学生的发言或者完成基本任务都能得到表扬，那么这一评价就会失去应有的价值和意义。

（三）激励评价，超越自我

激励性评价是项目教学中比较常用的一种评价方式，着眼于激发学生学习的积极性和主动性，促进学生形成健康、奋进、知难而上的良好学习心理。对于教师而言，采用激励性评价，可以适当地参考以下几种做法：第一，信任激励，俗话说，"信任是最好的褒奖"。教师的信任是对学生人格的一种尊重，同时是对学生的一种肯定。教师在项目教学评价中，给予学生绝对的信任，能够让学生在学习的过程中表现得更为大胆，勇于提出问题，激发创新思维的萌发。另外，教师表现出的信任有助于拉近师生之间的距离，活跃学习气氛。第二，对比激励，这里的"对比"主要是指学生初始状态与学习后的状态之间的对比。通过这种对比，让学生感受自己的变化，这种变化不单单指项目成果的大小，还包括交际能力、学习能力、创新能力、合作能力等方面的发展，让学生看到自己在各个方面不同程度的进展，从而不断超越自我。

参 考 文 献

1. 李广生. 关于"研究型教师"的研究 [J]. 江苏教育 (教育管理版), 2008, (2)：32—34.

2. 刘育东. 我国项目教学研究：问题与趋势 [J]. 苏州大学学报 (哲学社会科学版), 2010, (7)：182—187.

3. 韩立福, 等. 目标评价理论与教学目标评价 [EB/OL]. [2014—10—10]：360 文库, http://www.360doc.com/content/11/0218/09/921379_93972815.shtml.

4. Kolb, David A. Experiential learning：Experience as the source of learning and development [M]. Englewood Cliffs, NJ：Prentice Hall. 1984.

5. 巴克教育研究所, 任伟译. 项目教学教师指南 [M]. 北京：教育科学出版社, 2008.

6. 刘育东. 外语教学中项目教学教学法的研究现状、问题与对策 [J]. 河南大学学报 (社会科学版), 2011, (11)：133—138.

7. 蔡卫东. 物理研究性学习内容设计 [EB/OL]. [2014—12—12]：豆丁文库, http://www.docin.com/p—645691511.html.

8. 王林发. 基于 Moodle 的 "中国小说欣赏" 项目教学实践与探索 [J]. 中国电化教育, 2010, (12)：82—86.

9. 朱为群. 罗杰斯人本主义教育理论述评 [J]. 教育理论与实践,

1991,（5）：53.

10. 谢婧. 认知主义学习理论概述 [J]. 文教资料，2006，（28）：101-102.

11. 马秀芳，柯清超. 探讨远程协作项目学习的设计与实施 [J]. 中小学信息技术教育，2010，（5）：12—14.

12. 龙宝新. 教育观念能撑起教师教育的大厦吗——对专业型教师教育核心理念的质疑与反省 [J]. 教师教育研究，2008，（4）：4—9.

13. 严育洪，管国贤. 教学任务，以何为任?——谈教学任务的"人为"与"为人"[J]. 江苏教育，2009，（28）：26—28.

14. 于瑶. 职业学校开展数学项目学习的理论与实践探究 [D]. 济南：山东师范大学，2006.

15. 何志勇. 项目教学法及其在中职技能教学中的应用 [D]. 武汉：华中师范大学，2010.

16. 程广文，宋乃庆. 论数学课堂交往特殊性 [J]. 数学教育学报，2009，（9）：28—32.

17. 李祖祥. 主题教学：内涵、策略与实践反思 [J]. 中国教育学刊，2012，（9）：52—56.

18. 艾泽华. 对于《主题式教学模式》的看法 [EB/OL]. [2014—12—12]：天河部落，http://www.thjy.org/linyouzhu/Article/633417181344531250.aspx.

19. 袁顶国，朱德全. 论主题式教学设计的内涵、外延与特征 [J]. 课程·教材·教法，2006，（12）：19—23.

20. 林晓群. 美国公立小学中文课程主题式教学研究与设计——基于美国卡蒂诺小学 2010 学年度第一学期的教学实习 [D]. 广州：中山大学，2012.

21. 张秀丽. 主题式单元教学方法初探 [J]. 现代教学，2011，（4）：57.

22. 叶长军，刘洪莲. 新课程背景下学生自主学习的案例 [J]. 化学教育，2010，(5)：41—42.

23. 赵山城. 任务驱动法在语文教学中的应用 [J]. 职业，2013，(5)：150.

24. 杜悦. 主题式项目学习：跨越学科的统整 [N]. 中国教育报，2014—05—28.

25. 李定仁，徐继存. 课程论研究二十年 [M]. 北京：人民教育出版社，2002.

26. 陈毅. 高中物理探究式教学的理论与实践 [D]. 武汉：华中师范大学，2004.

27. 杨瑞秋. 生物学探究式教学中问题情境创设的研究 [EB/OL]. [2014—06—12]：江西教师网，http://www. jxteacher. com/luojhsg/column34737/fb70e3e0—9c1a—4be0—8767—3c18706174f7. html.

28. 高继红. 高中数学探究式教学策略研究 [D]. 呼和浩特：内蒙古大学，2009.

29. 李群. 探究式教学在高中物理课堂教学中的实践研究 [D]. 上海：华东师范大学，2012.

30. 孙艳明. 小学数学探究式课堂教学案例研究——以 C 市 4 所小学课堂教学为例 [D]. 长春：东北师范大学，2012.

31. 王浩. 项目教学法在小学科学课程教学中的应用研究 [D]. 银川：宁夏大学，2014.

32. 朱建. 论协作学习模式在大学教学中的应用 [J]. 南京邮电学院学报，2001，(4)：54—58.

33. 黎玉伟. 信息技术支持下初中物理项目学习的设计与应用 [D]. 保定：河北大学，2009.

34. 胡广形. 探究式教学——创新的现代教学方式 [J]. 物理教师（高

中教师版），2004，（5）：1—4．

35．李理．化学探究式教学的基本类型及教学设计研究［D］．武汉：华中师范大学，2008．

36．关泉杰，李兴山．调研方法分析与选择［J］．黑龙江水利科技，2013，（8）：182—183．

37．翟峰．调研活动的语言运用技巧浅探［J］．办公室业务，1998，（6）：10—11．

38．赵智锋．我国网络调研存在的问题与对策［J］．经济论坛，2009，（6）：34—35．

39．马忠庚，王学军．网络时代高校图书馆用户调研方法变革与创新［J］．博士文苑，2005，（5）：54—55．

40．翟峰．谈调研中走访群众的技巧［J］．领导艺术，2000，（2）：31—32．

41．苏秀芳．社会调查活动在化学专业中的实施探索［J］．高教论坛，2008，（6）：89—90．

42．杨威．访谈法解析［J］．齐齐哈尔大学学报（哲学社会科学版），2001，（16）：115—116．

43．宫春子．论市场调查误差的产生和减少［J］．吉林财税高等专科学校学报，2001，（1）：48—51．

44．赵素君．高职英语教学中的信息差任务［J］．考试周刊，2012，（84）：104—105．

45．宋苗苗，杨坤平．高职院校"教学做"一体化教学模式的研究探讨与实践［J］．福建电脑，2011，（7）：198—200．

46．王恩科．实施任务型教学提高英语实用能力［J］．重庆工商大学学报，2005，（15）：194—195．

47．刘晓燕．分层任务式教学模式在初中数学教学中的探析［J］．数学学习与研究，2014，(10)：46—47.

48. 石建辉，刘颖. 基于动态协作学习的课程教学研究 [J]. 中国电力教育，2011，(17)：14—16.

49. 肖德钧. 基于能力和素质发展的高职"七步"教学法探讨——以项目—情景—任务为视角 [J]. 常州轻工职业技术学院学报，2011，(1)：40—45.

50. 张虹. 任务教学法和案例结合在商务英语教学中的有效实践 [J]. 职业时空，2013，(2)：100—101.

51. 柳桃珠. 小学数学利用生活情景教学策略浅议 [J]. 吉林教育，2010，(5)：57—58.

52. 陈兰萍，贾淑云. 讨论式教学的研究与实践 [J]. 渭南师范学院学报，2001，(1)：74—77.

53. 加德纳. 多元智力理论 [EB/OL]. [2014—10—10]：360doc，http://www.360doc.com/content/12/0426/11/9259363_206641779.shtml.html.

54. 赵晓乐，赵博. 走进研究型教学　走近创新素质教育 [J]. 黑龙江教育学院学报，2008，(1)：31—33.

55. 吕静华. 教学目标的确定 [EB/OL]. [2014—12—12]：缙云教育，http://www.zjjyedu.org/n10392c31.aspx.html.

56. 刘诗研. 发展性教学对我国课堂教学改革研究及实践的影响 [J]. 北京科技大学学报，2005，(21)：56—58.

57. 刘长凤. 浅谈如何构建多元开放的过程性学习评价体系 [J]. 新课程导学，2012，(1)：86—87.

58. 郑秋秋. 高中英语任务型阅读活动课堂教学模式与案例分析 [J]. 课程·教材·教法，2003，(12)：34—37.

59. 史正宇. 浅议小学语文合作教学中的分组原则 [J]. 新课程（小

学），2010，（8）：45—46.

60. 刘磊. 项目教学情境下中职生学习行为研究 ［D］. 上海：华东师范大学，2012.

61. 何镇. 浅谈高中化学教学中项目教学法的应用 ［J］. 南昌教育学院学报中小学教育，2011，（9）：109—110.

62. 关升，李玉甫. 项目教学法在课程中的应用与思考 ［J］. Value Engineering，2012，（3）：247—248.

63. 张隆林. 小学劳动与技术《玉兰花》自主式项目教学案例 ［EB/OL］. ［2014—12—12］：百度文库，http：//www. doc88. com/p—172806881552. html.

64. 许靖.《车工技能训练》中的项目教学法应用 ［J］. 成功（教育），2007，（10）：240.

65. 刘慧. 电子产品安装与调试实训中的项目教学法应用 ［J］. 包头职业技术学院学报，2013，（1）：81—83.

66. 童相海，顾健. 在"电工基础"课程中应用项目教学法的思考 ［J］. 教育与职业，2011，（6）：156—158.

67. 杨浩. 多元智力理论视野下的自主式项目教学 ［D］. 上海：上海师范大学，2004.

68. 燕国材."项目学习"评析 ［J］. 现代基础教育研究，2013，（1）：9—10.

69. 胡银辉. 类比策略在教学中的应用研究 ［J］. 教研教改，2009，（11）：22.

70. 魏建. 创建一个灵动的"支点"——谈语文课外学习资源的有效利用 ［EB/OL］. ［2014—12—12］：豆丁文库，http：//www. docin. com/p—235542449. html.

71. 刘文宇，马立兵. 协作学习研究的回顾与展望 ［J］. 电子科技大学学报，2007，（3）：96—97.

72. 汪乐乐. CSCL 概述——计算机支持的协作学习 [EB/OL]. [2014－12－12]：百度文库，http：//wenku. baidu. com/view/40d4407f31b765ce050814ce. html.

73. 马婧. 国外协作学习理论的演进与前沿热点——基于科学知识图谱的研究 [J]. 开放教育研究，2013，(6)：30－31.

74. 李文静. 创设开放的学习环境　提高酸、碱、盐教学的实效性 [EB/OL]. [2014－12－12]：道客巴巴，http：//www. pep. com. cn/gzhx/gzhxjs/jxyj_1/zjlt_1/201110/t20111008_1072386. htm.

75. 刘文宇，马立兵. 协作学习研究的回顾与展望 [J]. 电子科技大学学报，2007，(3)：96－97.

76. 杨翠萍，刘鸣放. 在大学英语教学中以任务教学为手段　实施协作学习策略 [J]. Foreign Language World，2005，(3)：53－54.

77. 王素瑛. 论教育教学评价方法的发展及创新走向 [J]. 绵阳师范学院学报，2007，(10)：125－126.

78. 黄荣怀，刘黄玲子，郑兰琴. 论协作学习中的动机因素 [J]. 现代教育技术，2002，(3)：15－16.

79. 白晓晶，兴富. 远程合作学习项目的设计和组织 _ GLOBE at Night 远程合作学习案例分析 [J]. 现代远距离教育理论研究，2005，(5)：10－12.

80. 唐晓勇. 在共享协作中携手同行——东西部远程协作学习《蚂蚁行为探究》的实践思考 [EB/OL]. [2014－12－12]：新浪博客，http：//blog. sina. com. cn/s/blog_60d194a90100iqer. html.

81. 刘马诗. 班级管理与竞争合作能力的培养 [EB/OL]. [2014－12－12]：百度文库，http：//wenku. baidu. com/view/c5e336f29e31433239689393. html.

后记

用项目打造 "灵动" 课堂

《国务院关于基础教育改革与发展的决定》明确指出，实施素质教育，必须端正教育思想，转变教育观念。另一方面，新课改强调知识与技能、过程与方法以及情感态度与价值观三个方面的结合，指出教学的核心任务是促进每个学生得到最大限度的发展，鼓励广大教师根据需要转变教学模式、更新教育理念，为学生搭建一个自主、合作、探究的学习平台。

项目教学方式的理论基础是建构主义学习理论，强调学生在学习过程中主动建构知识意义。通过项目提出、项目操作、成果呈现三大方面提高学生的创新能力。近几年，"项目教学" 在很多学校如火如荼地开展，但遗憾的是缺少系统性和本土性。本书以我国中小学生的普遍认知能力为基准，强调项目教学的基本理念和重要意义，由此设计切合我国中小学生发展的项目主题；对项目教学在中小学教学的应用进行了具体深刻的剖析；总结项目教学在实践中常用到的活动方案与实施策略。从某种意义上来讲，项目教学的开放性、探究性、情景性、合作性在一定程度上代表着当今教育发展的方向。这无疑对我国当前乃至未来基础教育的教学方式的改进和提高有着普遍的参考意义。

为了使每一个人都为实践能力和创新能力打下基础，需要为充满生命力的教育个体寻找切合的载体。这个载体就是项目。通过项目教学挖掘学生潜能，通过项目教学激发学生创造力，这两个问题归根究底，就是通过项目教学改变以往重讲授、轻训练，重理论、轻实践，重识记、轻反思的弊端，培养实践能力和创新能力。本书切实的经典课例以及独具慧眼的分析，相信教师读后会有耳目一新的感觉，对开展项目教学起到积极的作用。本书的主要特色有以下四个方面：

第一，在内容上，概括面广。对大部分中小学课程进行深入研究调查，确定常用的七类项目教学：主题式、验证式、探究式、调查式、任务式、自主式、协作式，并揭示各类型项目教学实践可供遵循的一般规律。特别是"经典课例"，既有强烈的现场感，又有深入的分析，操作性强，适合大部分中小学应用。

第二，在思考上，创新发展。除了对项目教学基本理论的思考外，我们更着重于思考项目教学如何在课程改革中加以运用以及改造创新。本书锲而不舍地提出一个又一个适用于中小学项目教学的方案，充分考虑中小学生的认知水平和实践能力，在项目环境、项目要求的设定方面都作出了创新独到的思考。

第三，在研究上，实事求是。研究成果言之有物，内容生动而有意义，尽可能做到少说空话。在研究期间参考了大量的国内外项目教学的文献资料，在前人的实践中总结项目教学的经验，并根据我国中小学教育近况作出相应的创新与改造。

第四，在文风上，清新明快。努力做到笔调生动，不拘一格，对理论进行精辟的分析，对操作进行生动的讲解。全书有声有色、简短精确的讲述给读者一种鲜活的感受。

在将近一年的撰写过程中，偶发事件不时出现，耽误了撰写进度。但值得肯定的是，全体成员具有高度的敬业精神和对中小学教育充满高度责任感和使命感；我们得到很多同行、教师及家人的鼓励与帮助，关心与支持，最终使本书得以顺利完成。同时，衷心地感谢福建教育出版社的精心策划和全力帮助。

由于作者水平有限，本书难免存在许多值得商讨的问题与不足之处，如一些案例不够详实，引用作者成果标注出现错误，其他不妥之处等，如有发现，敬请广大热心读者通过电子邮件（277492265@qq.com）致信王林发，以期再版时加以勘正。我们将对此表示真诚的感谢！

本书的编撰虽然告一段落，但基于项目进行教学的新型教学方式才刚刚开始，我们热情地盼望各地区的中小学教师能通过此书受到启发，共同参与到中小学项目教学研究的队伍中来，共同追求并努力开创中小学教育的新境界。

著者

2015 年 11 月 7 日